CIBERFEMINISMO? REDES E ESPAÇOS DE PODER

MÁRCIA MARQUES

SERPENTE

Copyright © Márcia Marques, 2024

Direção editorial:
Rogério de Campos
Leticia de Castro

Assistente editorial:
Guilherme Ziggy

Ilustração de capa:
Márcia Marques

Capa:
Gustavo Piqueira – Casa Rex

Diagramação:
Natalia Bae
Carlos Assumpção

Revisão:
Vanessa Ferrer
Henrique Torres

Dados Internacionais de Catalogação na Publicação (CIP)
(Câmara Brasileira do Livro, SP, Brasil)

M357 Marques, Márcia
Ciberfeminismo: redes e espaços de poder / Márcia Marques.
Apresentação de Zélia Leal Adghirni. – São Paulo: Veneta, 2024.

160 p.; Il.

ISBN 978-85-9571-297-3

1. Sociologia. 2. Comunicação. 3. Informação. 4. Computação. 5. Redes Sociais. 6. Feminismo. 7. Movimento Feminista. 8. Rede Feminista. 9. Ciberfeminismo. 10. Competência Informacional. 11. Rede Feminista do Brasil. 12. Rede Feminista do Uruguai. I. Título. II. Redes e espaços de poder. III. A teia de caminhos até aqui. IV. Competências necessárias para (sobre)viver na complexidade em rede. V. En red, por las calles. VI. A reflexão vem da prática. VII. Adghirni, Zélia Leal.

CDU 305   CDD 316

Rua Araújo, 124, 1º andar, São Paulo
www.veneta.com.br
contato@veneta.com.br

AGRADECIMENTOS

Este trabalho só se tornou possível pela troca constante de informação, conhecimento e afetos. Alguns nomes são lembrados aqui pela participação direta nesta etapa final, que envolveu a pesquisa no Uruguai e a volta a Brasília, bem como o processo de estruturação, escrita e publicação deste livro. Agradeço, portanto,

Aos supervisores da pesquisa de pós-doutorado, Pedro Russi e Delia Dutra, por reservarem tempo – e delicadeza – no pandemônio da pandemia para dar apoio acadêmico e afetivo e, principalmente, por contribuírem com autores latino--americanos que enriqueceram a compreensão das redes.

A Pablo Boaventura, Alzimar Ramalho, Ana Carolina Zuanazi, Anna Caroline, Katia Belisário, Lara Santos de Amorim, leitores críticos do *Ensaio sobre aprender (n)a complexidade*, o primeiro texto a ser produzido, e que me ajudaram a definir o rumo deste livro.

A Beth Almeida, responsável pelo tratamento de dados e produção de grafos e gráficos essenciais para visualizar a rede, pela revisão dos textos e pela consultoria sobre as questões que envolvem a saúde. Também por ser os ouvidos de todas as angústias desta pesquisadora.

Aos meus grupos do "zap", do Signal, Telegram e do "feice", as interações nestes espaços de trocas me ajudaram a compreender a universalidade e as singularidades de questões relacionais que afloraram também na rede em observação.

Aos parceiros da disciplina que envolve este campo híbrido formado por Comunicação, Informação e Computação, especialmente Mônica Peres e Benedito Medeiros Neto (*in memoriam*), pelo envolvimento neste exercício complexo de aprender/ensinar. Ao amigo Enzo Corazola (*in memoriam*), que não teve tempo de ler este livro.

A Isis Aisha, o laço de Brasília em Montevidéu que me atou às Feministas Brasileiras no Uruguai ⚢✊💜.

Às Feministas Brasileiras no Uruguai ⚢✊💜.

Aos meus pares, ao Departamento de Jornalismo, à FAC, à UnB, à Udelar.

À universidade pública.

Ao Matheus, meu amor, o filho que me ensina
a cozinhar sem pressa e com alguma preguiça.
Ao poder anti-inflamatório do gelo.

SUMÁRIO

11 **APRESENTAÇÃO**

15 **A TEIA DE CAMINHOS ATÉ AQUI**

21 **INTRODUÇÃO**
Competências necessárias para (sobre)viver na complexidade em rede

EN RED, POR LAS CALLES

27 1. Por #Marielle

35 2. Ameaça inominável

45 3. Gênero sob ataque

51 4. Um vírus

63 5. Uma investigação em rede

A REFLEXÃO QUE VEM DA PRÁTICA

87 1. Mulheres nas redes: laços como estratégia de sobrevivência

103 2. Ensinar/aprender (n)a complexidade das redes

135 3. Um léxico para conversar sobre redes

APRESENTAÇÃO

Conheci Márcia Marques no Marrocos, nos anos 1980 do século XX. Ela era jornalista e na ocasião trabalhava no jornal O Globo, em Brasília. Estava no Marrocos a convite do rei Hassan II e o tema da matéria era o polêmico Sahara Ocidental. Eu também era jornalista, mas morava em Rabat para a imprensa marroquina de expressão francesa.

O encontro foi profissional, porém já anunciava a ideia daquilo que Márcia fala em seu livro sobre o que nos afeta e o que é de nosso afeto.

No início dos anos 1990 voltei ao Brasil após um período de quase 20 anos no exterior e me instalei com minha família em Brasília. Um pouco perdida ainda na difícil readaptação fui trabalhar na sucursal do Estadão. Uma das primeiras pautas foi no Ministério da Justiça e quem eu encontro na sala de imprensa? Ela, Márcia Marques. Surpresa mútua e feliz.

Desde então nunca mais nos separamos. De jornalistas que éramos, viramos acadêmicas. Explico: com formação universitária na França, fui dar aula na Faculdade de Comunicação da UnB. Em 1997, participei da banca do concurso de seleção para professor/a do jornal-laboratório Campus, com David Renault e Célia Ladeira Motta, em que Márcia foi aprovada para a vaga. Em 2002, Márcia prestou exame de seleção para o mestrado e tornou-se minha aluna de pós-graduação.

Logo nos tornamos parceiras de pesquisa e enveredamos no caminho novo e desafiador das tecnologias de comunicação: informação on-line, crise dos paradigmas, mudanças estruturais no jornalismo, a questão das agências de notícias com a consolidação da internet, a turbulência no mercado profissional e todas as interrogações que se apresentavam no início dos anos 2000.

Fiel a sua temática e avançando em seu campo de pesquisa, Márcia foi aprovada para o doutorado no programa de pós-graduação da Ciência da informação na UnB, sob orientação da professora Elmira Simeão. Neste período, a professora ingressou numa área diferente da comunicação jornalística para desbravar as perspectivas da gestão da informação e da formação de competências para lidar com esta informação. Ela passou a estudar como as pessoas usam os sistemas e se comunicam via sistemas a partir da análise das redes sociais.

O livro que temos em mãos agora – Rede de mulheres de espaços de poder: estratégia ciberfeminista para a complexidade – é o resultado do estágio de pós doutorado realizado em parte na Udelar – Universidade de la República do Uruguai –, em Montevidéu e, de outro na UnB. O estágio foi interrompido devido a pandemia de covid-19 mas o trabalhos continuaram a distância.

A professora explica que observar a rede Feministas Brasileiras como parte da pesquisa de campo aconteceu por dois motivos: «por me afetar como brasileira feminista vivendo por um período em Montevidéu e por conta dos afetos estabelecidos em relação aquelas mulheres». E acrescenta: "este livro não é sobre elas, mas foram elas que tornaram este livro possível».

Para Márcia, pesquisamos o que nos afeta e o que é de nosso afeto. Palavras que vêm do latim do sentido primeiro da afecção e diz respeito ao nosso modo de ser. «Afetar se relaciona com o que nos perturba e o afeto com o que nos inclina a amar».

O que temos, portanto, é um trabalho elaborado dentro dos padrões acadêmicos que contemplam rigor e reflexão. Nada é por acaso no texto que flui entre metodologia e narrativa sem perder o fio do objeto analisado.

De repórter de rua e jornalista de redação junto às grandes empresas de mídia, passando por assessorias de comunicação, Márcia ingressou no mundo acadêmico como professora da disciplina prática de produção do jornal-laboratório Campus, no Departamento de Jornalismo da Faculdade de Comunicação da Universidade de Brasília, onde também exerceu funções administrativas. Como pesquisadora, a professora apresentou trabalhos em congressos da área e publicou artigos em publicações especializadas.

Dotada de um especial talento para a escrita, Márcia nos oferece uma excelente obra de nível universitário, onde o rigor do texto acadêmico encontra a leveza e a densidade do texto literário.

Este é um livro incontornável para pesquisadores e pessoas interessadas no tema da complexidade das redes de comunicação onde nem tudo é o que parece.

Zélia Leal Adghirni
Professora emérita - Universidade de Brasília

A TEIA DE CAMINHOS ATÉ AQUI

Vivemos, com efeito, um processo genocida
que faz vítimas preferenciais entre as
crianças, os velhos e as mulheres; entre
os negros, os índios e os caboclos.

Darcy Ribeiro, 1991[1]

Este livro é o ponto de confluência dos caminhos percorridos desde a formação universitária, na Escola de Comunicação e Artes da Universidade de São Paulo (USP), a partir de 1976, que se deu muito além das salas de aula e envolveu participar da produção de jornais sindicais e de grupos políticos, então clandestinos. São os anos de retomada das ruas em manifestações contra a ditadura instalada no país em 1964 e que se estenderia até 1985. São deste período de vida

---

1. A prática jornalística e o exercício da docência devem se pautar pela compreensão da urgência da defesa da vida, no Brasil. Há uma luta permanente contra o genocídio que se impõe ao povo brasileiro, especialmente a estes nomeados por Darcy Ribeiro em seu discurso de posse no Senado Federal em 20 de março de 1991. O texto, na íntegra, está no livro *O Brasil como problema*, da Coleção Darcy no Bolso, da Editora UnB, 2010. https://legis. senado.leg.br/diarios/ver/6074?sequencia=15.

estudantil, dentre outros, a refundação da União Nacional dos Estudantes, o surgimento do movimento pela anistia, e a realização de congressos feministas nos estados, quando germinavam os conceitos de gênero e de interseccionalidades[2]. Depois de formada, em 1980, foram 17 anos exercendo a profissão de jornalista, na reportagem em Curitiba, Cuiabá e Brasília, trabalhando em sucursais ou como correspondente de jornais de circulação nacional que por questões econômicas contratavam os profissionais por meio das agências de notícias – eram mais baratos, por conta da venda deste trabalho a mídias de todo o país, sem a contrapartida do pagamento dos direitos autorais. Pouco tempo deste período foi de atuação em assessoria, como no Sebrae, com a elaboração de uma proposta de criação de uma agência de notícias com foco nos pequenos e microempresários a partir das bases da instituição em todo o país; e no Incra, com o projeto – de curta duração – de disseminação de notícias na rede do instituto por meio do Fax da Terra, que utilizava a principal tecnologia de troca de informações de texto e imagens, à época.

A mudança do "mercado" – como nos referimos na academia ao trabalho nas redações – para a Universidade de Brasília (UnB) aconteceu em 1997, por meio de concurso

---

2. O II Congresso da Mulher Paulista, de 1980, reuniu cerca de 4 mil mulheres no teatro da Pontifícia Universidade Católica (PUC). Neste encontro houve uma disputa direta entre lideranças de esquerda, que consideravam o feminismo um movimento separatista e as feministas, que queriam um evento apartidário. O calor dos debates levou ao confronto físico. CARDOSO, Elizabeth. Imprensa feminista brasileira pós-1974. *Revista Estudos Feministas*, v. 12, p. 37-55, 2004. https://doi.org/10.1590/S0104-026X2004000300004.

para ser professora do *Campus*, o jornal-laboratório mais antigo do Brasil – nascido em 1970, quando ainda não havia exigência legal de veículos laboratoriais. A Faculdade de Comunicação refletia a situação da UnB e das universidades públicas brasileiras: uma degradação fruto das políticas do governo Fernando Henrique Cardoso para a educação superior no país. O mestrado em 2003, em Comunicação, envolveu o tema das agências de notícias com a consolidação da internet[3], buscando observar as redações, neste novo contexto, a partir dos conceitos das teorias do jornalismo. Neste período, ensino e pesquisa foram complementados com projetos de extensão com objetivo de promover a inclusão digital de mulheres da periferia de Brasília[4].

---

3. As agências se assentaram na formação de uma teia de distribuição de notícias com base no uso intensivo das tecnologias. Nos anos 1980, por orientação da Unesco, foi elaborado o relatório MacBride, que evidenciou o monopólio da distribuição de informação – e de enquadramento, por exemplo – que estes *hubs* criaram no mundo. MARQUES, Márcia. As mudanças nas rotinas de produção das agências de notícias com a consolidação da internet no Brasil, 2005. http://bocc.ubi.pt/pag/marques-marcia-mudancas-nas-rotinas-de-producao.pdf.

4. A experimentação de incluir mulheres no mundo digital foi possível por conta de recursos de editais da recém-criada Secretaria Nacional de Políticas para as Mulheres, ainda no governo Lula, e trouxe aprendizados importantes (quem ensina, aprende, diz Freire) sobre o processo: mulheres que se organizam para formar uma turma não prevista no projeto inicial; mulheres que pedem para ampliar a faixa etária e aceitar jovens a partir dos 14 anos, mais ligadas a tecnologia; mulheres que aprenderam a usar a internet para saber os preços praticados por um parceiro no exterior e assim renegociar valores; a necessidade de promover ações para integrar os homens, que não aceitam suas mulheres se especializando no que não conhecem.

O doutoramento em Ciência da Informação, também na UnB, trouxe as perspectivas da gestão da informação e da formação de competências para lidar com esta informação. Foi um tempo de aproximação de metodologias não muito utilizadas na Comunicação, como o Estudo de Usuários, que busca entender como as pessoas usam os sistemas e se comunicam via sistemas, e Análise de Redes Sociais, a metodologia que permite observar as relações em rede.

Como causa direta, este livro é fruto do estágio pós-doutoral feito parte em Montevidéu e parte, de maneira remota, no Brasil, por conta da eclosão da pandemia. Por mais racional que se imagine o universo da investigação acadêmica, na verdade, pesquisamos o que nos afeta e o que é de nosso afeto[5], duas palavras que vêm do latim, do sentido primeiro de afecção, e dizem respeito a modos de ser. Afetar se relaciona com o que nos perturba e o afeto com o que nos inclina a amar. Observar a rede Feministas Brasileiras no Uruguai ♀💪🎙️ [6] como parte da pesquisa do estágio pós-doutoral deu-se pelos dois motivos – por me afetar como brasileira feminista vivendo por um período em Montevidéu e por conta dos afetos estabelecidos nas relações com aquelas mulheres. Este livro não é sobre elas, mas foram elas que tornaram este livro possível.

---

5. MARTÍN-BARBERO, Jesús. *Ofício de cartógrafo*: travessias latino-americanas da comunicação na cultura. São Paulo: Loyola, 2004. Livro em que buscou reconhecer os elementos de futuro encontrados em seu percurso de 30 anos de pesquisa em Comunicação pela América Latina e em que diz que pesquisamos o que nos afeta e que afetar vem de afeto.

6. Esta é a forma como escrevem o nome do grupo no Facebook, onde foi feita parte de extração dos dados analisados.

Os resultados encontrados em uma investigação científica não são, necessariamente, aquilo que se almeja obter e que vem indiciado no texto, nas perguntas de pesquisa, no enunciado das hipóteses aninhadas em um sumário, e também na utopia de cada pessoa, pesquisadora incluída. Uma rede de mulheres feministas, em autoexílio voluntário por conta das circunstâncias políticas, não é o que se imagina a partir do filtro da simpatia solidária de quem está "do mesmo lado", uma pesquisadora em exílio temporário. É uma rede que tem vida própria e reflete o que há de grandioso, de sublime e de mesquinho nos seres humanos. As trocas de mensagens entre estas mulheres na plataforma de rede Facebook, observadas por um período de dois anos, ofereceram uma leitura feminista, coletiva, da realidade social.

A pesquisa de campo foi fruto de um ajuste nos planos apresentados um ano antes ao Departamento de Jornalismo, da Faculdade de Comunicação da UnB para a chancela autorizadora. Foram modificados por algo que não estava previsto nem no mais pessimista dos cenários: a pandemia de covid-19. Constavam do projeto inicial: a passagem por Montevidéu, a busca de contato com um grupo para desenvolver o trabalho conjunto de letramento para a complexidade da vida em rede – o que incluiria oficinas, encontros presenciais e virtuais. O projeto fora imaginado para aplicação em torno da Udelar (Universidade de la República), a universidade pública do Uruguai onde o estágio pós-doutoral foi aceito, sob a supervisão dos professores doutores Pedro Russi e Delia Dutra.

Ao chegar a Montevidéu, no final de fevereiro de 2020, o contato com uma ex-aluna de Brasília, Isis Aisha, foi essencial na resolução de problemas simples, sobre o funcionamento de mercados, a compra de chip para o telefone móvel, a conversão de moeda e também o elo com feministas brasileiras que vivem no Uruguai e se organizam em rede pelo Facebook e WhatsApp. Pelas contingências apresentadas, e pela certeza de que o caminho se faz no caminhar, as relações entre estas mulheres se transformaram no objeto/sujeito de observação da pesquisa, que é o coração deste livro sobre a complexidade da vida em rede.

INTRODUÇÃO
COMPETÊNCIAS NECESSÁRIAS PARA (SOBRE)VIVER NA COMPLEXIDADE EM REDE

Pera lá, pera lá. Não vamos transformar a leitura apenas em gozo. Às vezes, a leitura pode até ser começada com um pouco de dor e é esse ponto de dor que, inclusive, vai provocar em mim o gosto de ter superado a dor.

Paulo Freire[7]

Este livro está organizado em duas partes: uma que oferece os resultados de uma pesquisa aplicada em uma rede específica; outra, com ensaios sobre redes de mulheres e letramento para a complexidade e um texto que objetiva apresentar o vocabulário sobre redes aqui utilizado. A primeira parte, denominada *En Red, por las Calles*, conta a história das relações das migrantes que integram o grupo do Facebook Feministas Brasileiras no Uruguai ♀💪👖, a partir da análise de troca de informações entre elas por um

---

7. FREIRE, Paulo. Pedagogia dos sonhos possíveis. São Paulo: Editora Unesp, 2001. Livro lançado na comemoração dos 80 anos de nascimento do educador pernambucano. O trecho citado é de um diálogo dele com um aluno em sala de aula (p. 117). Os livros de Freire trazem muitos diálogos que ajudam a construir o entendimento.

período de 26 meses: do assassinato da vereadora Marielle Franco em março de 2018 até o quinto mês de pandemia, em agosto de 2020. Os primeiros quatro tópicos flertam com a narrativa jornalística para falar dos quatro períodos distintos de trocas de conversas no grupo do Facebook. O quinto tópico trata de apresentar os dados encontrados por meio da mescla de metodologias qualitativas e quantitativas, que permitiram contar essa história.

Com autorização das integrantes do Feministas Brasileiras no Uruguai ♀️🤝🎙️, foram analisados os metadados de 26 meses de troca de mensagens entre elas. Mais do que apresentar os resultados em si, por meio de métricas das metodologias quantitativas e da leitura do arcabouço qualitativo que aflora dessa coleta e desse tratamento de dados, a ideia dos primeiros quatro tópicos do capítulo é, a partir da manipulação/tratamento de dados do grupo, contar uma história que está enredada por múltiplos laços: de gênero, de nacionalidade, de necessidades, de medos, de enfrentamentos e de fugas. É possível analisar dados dos grupos/redes sem intuito comercial, o que se tornou costume nas plataformas, um uso em geral preocupado com o cômputo de cliques e *hashtags*, em busca de transformar em dinheiro o comportamento humano em interação nas redes. O tópico "Uma investigação em rede" mostra o memorial das pesquisas, feitas com mescla de metodologias: a seleção da amostra, critérios de tratamento dos dados e análise dos resultados encontrados. Neste tópico também são apresentados os grafos e gráficos que dão visualidade ao que foi encontrado.

A segunda parte deste livro, *A reflexão que vem da prática*, reúne três textos relacionados com este percurso. O primeiro, essencial na gestação deste projeto, "Mulheres nas redes:

laços como estratégia de sobrevivência", foi produzido originalmente para um encontro de formação de mulheres socialistas[8], com o objetivo de promover um letramento para as relações em rede que medeiam a luta política – seja no campo feminista, seja no de representação político-partidária. O material aqui publicado foi atualizado, teve trechos modificados, mas continua o mesmo, na essência.

O segundo ensaio, "Ensinar/aprender (n)a complexidade das redes", desenha o embasamento teórico da experimentação com a rede feminista. O texto é fruto de um diálogo com o trabalho de Edgar Morin[9] sobre o método e a complexidade, especialmente o primeiro volume *A natureza da natureza*, responsável por orientar a compreensão da natureza complexa das redes. O ensaio embasa uma reflexão que vem se estruturando desde o final dos anos 1990 na prática de ensino em um jornal-laboratório – o *Campus* – pautado pela produção coletiva, colaborativa, de experimentação de organizações com e sem hierarquia, com a autonomia e diálogo preconizados por Paulo Freire em sua extensa obra. Além de Pedro Russi e Delia Dutra, supervisores do estágio pós-doutoral em que foi elaborado, este texto foi submetido a uma leitura crítica de profissionais e pesquisadores envolvidos com algum dos temas ali tratados. Das conversas foi possível traçar a estrutura do livro, e não apenas do ensaio. Algumas conversas ficarão para outra publicação. O terceiro texto, "Um léxico para conversar sobre

---

8. O ensaio foi escrito para a Fundação João Mangabeira para subsidiar um encontro sobre redes com mulheres da Secretaria de Mulheres do Partido Socialista Brasileiro.

9. As obras estarão referenciadas nos ensaios específicos.

redes", é um apenso com os principais conceitos aqui utilizados e que envolvem a compreensão da estrutura das redes, bem como do fluxo das informações mediadas por aparatos tecnológicos em ambientes digitais.

O que se propõe aqui é contar uma experiência e refletir em torno da ideia de um letramento para a complexidade, que leve em conta as competências e habilidades necessárias para, dentre outras coisas, escapar da armadilha das informações falsas e/ou falsificadas que aumentam insanamente a secreção de bile nos indivíduos em suas relações sociais cotidianas. O que se pretende mostrar é a articulação das competências em Comunicação, Informação e Computação (CIC) – um plano híbrido formado de campos do conhecimento com fronteiras porosas – como estrutura necessária para o planejamento de ações coletivas e colaborativas.

Precisamos experimentar um novo modo de pensar, em rede, em que temos autonomia na apropriação dos nossos dados. Este é o nó górdio para discutir a regulamentação das plataformas, os latifúndios da internet especializados em gestão de dados alheios por supercomputadores instalados em grandes armazéns (a que chamam de nuvem) nos Estados Unidos da América. A tecnologia que produzem relaciona-se com formas de controle da comunicação e da informação nessas redes, o que na maioria das vezes escapa à compreensão das pessoas comuns. Para nos defendermos da estrutura autoritária das plataformas digitais, que se apropriam dos dados dos usuários em troca da "gratuidade" do uso, é preciso compreender este universo complexo de que fazemos parte em nossa singularidade de múltiplos papéis e relacionamentos. É preciso nos apoderarmos de nossos dados.

EN RED, POR LAS CALLES

1. POR #MARIELLE

Não sou livre enquanto outra mulher
for prisioneira, mesmo que as correntes
dela sejam diferentes das minhas.

Audrey Lorde[10]

Às 21h30 do dia 14 de março de 2018, na rua Joaquim Palhares, bairro do Estácio, Rio de Janeiro, 13 tiros foram disparados contra o carro que transportava a vereadora Marielle Franco, do PSol. Ela acabara de participar de uma reunião na Lapa, na Casa das Pretas, como mediadora do debate "Jovens negras movendo as estruturas" organizado pelo partido. Três tiros atingiram a cabeça de Marielle, um quarto, o pescoço. O motorista Anderson Gomes recebeu quatro tiros nas costas. Ambos morreram[11]. Eleita vereadora em 2016 com mais de 45 mil votos – bem acima dos 6 mil esperados por ela –, Marielle fazia parte de um grupo – ainda pequeno – de mulheres negras, de esquerda, das periferias de grandes cidades brasileiras que chegou às Câmaras de Vereadores no bojo do que se denominou

---

10. Com a leitura desta citação, em português e inglês, da escritora americana negra, feminista e gay Audrey Lorde, Marielle Franco encerrou o debate organizado pelo PSol em encontro na Lapa. Foi a última declaração pública da parlamentar.

11. Em Março de 2024, foram presos o deputado federal Chiquinho Brazão (expulso do União Brasil-RJ depois da prisão) e o irmão, Domingos Brazão (conselheiro do Tribunal de Contas-RJ) apontados como mandantes do crime e o delegado Rivaldo Barbosa, que chegou a conduzir as investigações.

Primavera Feminista[12], em 2015, período em que as ações por meios digitais próprios se tornaram estratégia comum entre feministas. O assassinato da vereadora e do motorista teve repercussão mundial. Foi assunto da mídia tradicional e da independente, espraiou-se pela sociedade. Nas plataformas que abrigam fluxos de informações das redes sociais explodiram *hashtags* ligadas ao nome de Marielle. Em menos de 20 horas, o Twitter (atualmente X) registrou 500 mil menções ao nome dela[13]. Em quatro dias no Twitter, mídia guiada principalmente pelos acontecimentos jornalísticos, mais de 2 milhões de menções a #Marielle se distribuíram em três ondas: a noticiosa, que buscava trazer os fatos ligados ao assassinato; a difamatória, contra os direitos humanos, que espalhou notícias falsas ligando Marielle ao tráfico, inclusive; e a restauradora da verdade, impulsionada por ativistas, especialmente militantes feministas e LGBTQIA+. A corrente de mentiras causou estragos, ainda que tenha representado a movimentação de pouco mais de 7% do fluxo de informações desta rede. Por tratar fortemente de conteúdo jornalístico, o Twitter muitas vezes pauta os temas discutidos na rede em outras plataformas e aplicativos de troca de mensagens.

---

12. Este tema é tratado no ensaio "Mulheres nas redes: laços como estratégia de sobrevivência".

13. Os dados têm base no artigo de Dulcilei da Conceição Lima e Taís Silva Oliveira, "MARIELLE PRESENTE!: as redes sociais no marco de um ano da morte da vereadora carioca", apresentado ao Grupo de Trabalho "Cultura política, comportamento e opinião pública" do VIII Congresso da Associação Brasileira de Pesquisadores em Comunicação e Política em 2019. http://compolitica.org/novo/anais/2019_gt6_Lima.pdf.

A morte de Marielle provocou comoção em cadeia, de dimensões globais, que inundou de indignação as redes. E de ódio. Este misto de joio e trigo também se fez presente no fluxo de troca de mensagens no grupo Comunidade de Brasileiros em Montevideo (CBM), no Facebook, que em 2021 contava com mais de nove mil inscritos. Mantido o texto original, na lista de regras de convivência do grupo consta o seguinte:

> NãO ESTA PERMITIDO DISCUSSõES SOBRE FUTEBOL, POLITICA E RELIGIãO. (ou qualquer tipo de conversa que nao seja util para TODOS e que gere conflito). BOM SENSO E RESPEITO AO PRóXIMO SãO INDISPENSAVEIS!![14]

A onda de ódio, que superou as normas e se refletiu no grupo de brasileiros e brasileiras que vivem – ou se interessam em viver – no Uruguai, levou algumas mulheres a se decidirem pela dissidência e pela criação de uma rede própria[15]. Não aceitaram o machismo dos comentários que tentavam criminalizar a vítima – um roteiro que as

---

14. https://www.facebook.com/groups/95155517744, seção "sobre".

15. A administradora conta como surgiu o grupo, em comentário em 4 de agosto de 2019, quando chegaram a 600 integrantes:
"Uma emoção ver o grupo crescer!! Ele nasceu de um post em um grupo de brasileiros que estão no Uy em que falávamos sobre a Marielle Franco mas ouvíamos comentários absurdos. Veio a ideia de ter um espaço só nosso. Sigo orgulhosa de ter tido essa ideia que foi ganhando força e hoje une tantas mulheres diversas que a seus ritmos trazem suas contribuições e pensamentos para o grupo! Um espaço de todas e para todas!!! Seja muito bem-vinda e seguimos juntas na luta!!!".

mulheres conhecem bem – a partir das informações falsas que circularam na segunda onda – estimulada a partir de movimentos organizados de extrema-direita. Eram brasileiras, feministas antes de tudo, indignadas com o assassinato da parlamentar do Rio de Janeiro. Neste contexto, nasceu o Feministas Brasileiras no Uruguai ♀✊🎶, assim descrito pela administradora na primeira mensagem trocada naquele ambiente, em 16 de março de 2018, mantido o texto original: "nossa proposta é articular as feministas brasileiras que estão no Uruguai e nos fortalecermos com todo respeito e liberdade de pensamento. Seguimos juntas na luta! #juntassomosmaisforte".

Entre as criadoras do Feministas Brasileiras havia mulheres que deixaram o Brasil em 2016, no golpe contra a presidenta Dilma Rousseff. Em geral, trabalhavam com questões envolvendo gênero e se sentiram ameaçadas. No processo de estruturação do grupo no Facebook, com a definição das regras para o convívio coletivo naquele ambiente digital, algumas mulheres apresentam-se como expatriadas, violadas em um país machista; denunciam o machismo dos parentes, a violência contra a mulher encrustada no seio familiar. Algumas contam que migraram por amor, ou pelos filhos. Buscam segurança, estudar, se reinventar. Houve alguns poucos encontros em piqueniques e bares – pois as redes mesclam o *tête-à-tête* com ligações mediadas pelas máquinas – que ajudaram a conformar as regras de convivência, segundo as quais o bom relacionamento deve contemplar a pluralidade do feminismo.

Aos cidadãos que vivemos no mundo global e eletrônico[16] – mesmo os excluídos digitais, que contraditoriamente o integram na condição de dados de imensas bases sobre pobreza, e seguridade social – dá-se a ilusão de que a tecnologia substituiu o Estado; de que qualquer pessoa, ou um conjunto de pessoas, ou milhões de pessoas munidas de uma *hashtag* podem fazer justiça pelas redes. À cidadania no mundo digital, dá-se também a certeza de que toda intimidade é vulnerável. No conjunto de excluídos, ou "prescindíveis", encontram-se os exilados, aposentados, jovens, aqueles que foram expulsos de seus territórios. Há ainda os que transitam nas franjas da legalidade, como os migrantes, que, muitas vezes, vivem na clandestinidade para fugir da fome e da opressão que o Capital, o sistema econômico hegemônico[17], impõem em diferentes frentes.

Observar uma rede, ou grupo, ou seja lá que nome se dê à convergência de seres que se relacionam em um ambiente de interação e de embates pela hegemonia na produção de sentidos[18], implica compreender que há uma realidade social determinada historicamente, que se caracteriza pelo modo como os seres sociais se relacionam. Quando falamos em rede de

---

16. GARCÍA CANCLINI, Néstor. *Ciudadanos reemplazados por algoritmos.* Alemanha: Verlag, 2020. Neste livro ensaio, fruto de anos de pesquisa, o autor argentino busca refletir sobre qual lugar se reserva aos cidadãos no capitalismo global e eletrônico.

17. WRIGHT, Erik Olin. Como ser anticapitalista no século XXI?. São Paulo: Boitempo, 2019.

18. ARAÚJO, Inesita Soares de; CARDOSO, Janine Miranda. *Comunicação e Saúde.* Rio de Janeiro: Editora Fiocruz, 2007. Pesquisa sobre os campos da Comunicação e da Informação de forma imbricada com a estrutura de rede do Sistema Único de Saúde (SUS), e os princípios que regem esta estrutura.

pessoas, do ponto de vista teórico, consideramos que estes seres agregados por algum motivo deveriam saber de antemão que há diferença em muitas coisas entre todos e todas: nas visões e explicações sobre a realidade; nos interesses e projetos; nas capacidades; no grau de controle sobre o ambiente em que se está inserido; nas afeições. Além dos aspectos que dizem respeito ao plano individual, no caso das mulheres migrantes na América Latina, cabe olhar necessariamente para outros elementos que envolvem essas relações, levando em conta a ótica do feminismo decolonial, que considera a desigualdade de gênero fruto da articulação de múltiplas estruturas de opressão. Isto significa que se deve observar essa rede a partir de interseccionalidades[19], de uma perspectiva da complexidade, em que variáveis como raça, classe, etnia/origem, sexualidade e geopolítica estão imersas em um sistema comandado por homens brancos, cis, burgueses. "Este país é muito machista", advertiu uma das integrantes do grupo, moradora do Uruguai, em resposta a um pedido de informação de alguém que queria fugir do machismo do Brasil.

Nos primeiros cinco meses de existência do Feministas Brasileiras no Uruguai ♀️✊🤙, as questões de gênero que afloraram nas trocas de mensagens relacionavam-se com algum tipo de ação: participar, por *streaming*, de uma jornada sobre violência e feminicídio; organizar e integrar o ato em memória de Marielle Franco em frente à embaixada brasileira em Montevidéu. A falta de intimidade com as ruas

---

19. DUTRA, Delia; BANDEIRA, Lourdes Maria. Estudos de gênero na América Latina: dinâmicas epistêmicas e emancipações plurais. Revista de Estudos e Pesquisas sobre as Américas, v. 9, n. 2, 2015. https://periodicos. unb.br/index.php/repam/article/view/16038/14327.

da pequena cidade à beira do estuário do Rio da Prata levou algumas neófitas a um endereço errado e a se perderem da manifestação. É comum ver jovens do Brasil, mesmo com um ou dois anos morando na capital uruguaia, se guiarem apenas pelos aplicativos, esquecendo-se de acompanhar os movimentos do sol, da lua, as referências urbanas de prédios, praças, árvores; desconsiderando a importância de definir marcos físicos pelo trajeto. Porque as redes (de energia, de internet etc.) e as plataformas que interligam essas redes podem sofrer apagões gerais ou parciais e afetar os desavisados.

A proposta de normatização do Feministas Brasileiras no Facebook ganha forma nas primeiras semanas de criação do grupo e passa a ser seu texto de apresentação, que tem o status de fechado, mas visível:

> Nossa proposta é articular as feministas brasileiras que estão no Uruguai e nos fortalecermos com toda nossa diversidade e liberdade de pensamento. Seguimos juntas na luta! ♀💪✊ #juntassomosmaisforte
>
> Regras do grupo:
>
> Esperamos ter um espaço de respeito, união e liberdade. Não serão aceitas pessoas e/ou comentários racistas, lgbtfóbicos, machistas ou com qualquer tipo de violência ou discurso de ódio.[20]

Este é o período em que a questão de gênero, do ponto de vista da mobilização e ação, se sobressai nas conversas no grupo. O cenário político a que se referem é o do Brasil,

---

20. Ver: https://www.facebook.com/groups/1636415589767622, seção "Sobre".

governado por #ForaTemer, da desistência de #JeanWyllys do mandato de deputado do PSol (RJ) na Câmara Federal por sofrer – com sua família – ameaças de morte e do anúncio de sua decisão de exilar-se[21] do Brasil. As integrantes do grupo leem notícias principalmente em veículos brasileiros – independentes ou mídia tradicional, ou serviços em português da BBC e El País – e de alguns poucos do Uruguai, como o LaDiaria.com.Uy e 180.com.Uy. As notícias representam um elo com o Brasil.

Os chamados para atos e eventos são feitos por integrantes do grupo – as militantes – e são a republicação de materiais dos movimentos Feministas Brasileiras no Exterior e #EleNãoUruguai, recém-criado à época, de combate à então candidatura do deputado federal de extrema-direita Jair Bolsonaro. Não é um grupo formulador de estratégias para a luta feminista, nem vanguarda de movimento, mas um grupo de ajuda mútua a partir da perspectiva feminista.

---

21. O ex-parlamentar ficou quatro anos no exílio, voltou ao Brasil em julho de 2023, ainda o primeiro ano do governo do presidente Lula.

2. AMEAÇA INOMINÁVEL

sombras
derrubam
sombras
quando a treva
está madura

....

Paulo Leminski[22]

A concertação que se formou para a derrubada de Dilma Rousseff, do Partido dos Trabalhadores, da Presidência da República do Brasil, em 2016, não conseguiu manter o controle sobre o processo de sucessão de Michel Temer, o vice-presidente partícipe do golpe, que assumiu o comando do país pelo período de dois anos. O destaque das eleições gerais de 2018 não esteve nas mãos dos que lideraram a deposição de Dilma, "com o Supremo, com tudo"[23], mas nas do deputado federal Jair Bolsonaro, de minguada atuação parlamentar, em

---

22. Primeira parte de poema de *Distraídos venceremos*, publicado em: LEMINSKI, Paulo. [Sombras...]. *In*: LEMINSKI, Paulo. *Toda poesia*. São Paulo: Companhia das Letras, 2013. p. 237.

23. Esta frase foi dita em telefonema entre o então senador Romero Jucá e o empresário da Transpetro Sérgio Machado, em março de 2016. Vazada para a imprensa, era a confirmação dos envolvidos no golpe que derrubou Dilma Rousseff da Presidência da República naquele ano. Ver: https://brasil.elpais.com/brasil/2016/05/24/politica/1464058275_603687.html.

que se sobressaem a truculência de declarações contra minorias – principalmente mulheres, indígenas e quilombolas – as pautas a favor de armas, de desregulamentação da área ambiental, de autorização para o garimpo em terras indígenas, e a defesa dos torturadores da ditadura fruto do golpe de 1964, que aliás, não reconhece como golpe.

As eleições de 2018 no Brasil foram marcadas pela importação do modelo da extrema-direita ligada a Steve Bannon, de uso controlado das tecnologias que envolvem a Comunicação, a Informação e a Computação, e resultaram no plebiscito que aprovou a saída do Reino Unido da União Europeia (o Brexit) e na eleição do republicano Donald Trump para a presidência dos Estados Unidos. A tônica destas campanhas foi a distribuição de notícias falsas em escala industrial por meio de robôs. No Brasil, a manipulação da informação nos meios digitais foi articulada com o que juristas denominaram Lawfare[24], a criminalização da política que conta com o suporte de decisões no Judiciário e resultam na exclusão de determinados atores – notadamente os ligados a movimentos populares – do processo político, especialmente o eleitoral. Alguns outros elementos[25] ligados à

---

24. "Serve para indicar o mecanismo de guerra judicial, em que o ordenamento jurídico é manipulado de forma a causar efeitos operacionais, no mais das vezes antidemocráticos". AZAR, Indiana Rocío; MOTTA, Luiza Tavares. Violência de gênero e Lawfare: uma análise dos casos Dilma Rousseff e Cristina Fernández de Kirchner. *Revista Instituto Política por. de.para Mulheres*, v. 1, n. 1, p. 11-32, 2020. https://journal.nuped.com.br/index.php/pordepara/article/view/67.

25. Tema tratado em artigo para edição especial da revista de literatura *Gueto*. MARQUES, Márcia; ROCHA, Rosângela Vieira. Fraude e eleições: o caso das fake news. *Revista Gueto*, p. 7-9, 2019. https://gueto.files.wordpress.com/2019/01/gueto_politica_01.pdf.

Comunicação, à Informação e à Computação também estiveram presentes nessa complexa combinação que resultou na campanha eleitoral vitoriosa de Bolsonaro.

NOTÍCIAS FALSAS

Um subgênero da desinformação, as *fake news*, como foram popularizadas, buscam imitar a estrutura e a narrativa das notícias verdadeiras, com semelhanças com o gênero jornalístico opinativo. Em geral, usam formato gráfico similar ao dos veículos noticiosos, ou ao menos ao que se tem no imaginário de noticiário jornalístico. Entre as informações que circularam na campanha de 2018, uma envolvia o candidato que foi para a disputa no segundo turno, o professor da USP e ex-prefeito de São Paulo, Fernando Haddad, acusado em notícias falsas distribuídas milhões de vezes pelo WhatsApp de ter estuprado uma jovem; outra, mentia que a marcha do #EleNão[26] teve mulheres nuas profanando templos e símbolos religiosos; também teve grande impacto a mentira sobre a distribuição de um kit gay – que incluía uma "mamadeira de piroca" – para escolas infantis. Estas mentiras envolviam a questão de gênero.

CRUZAMENTO DE MÍDIAS EM PLATAFORMAS E APLICATIVOS

Com 120 milhões de usuários no Brasil, nas eleições de 2018, a rede de WhatsApp foi o coração da estratégia de

---

26. O #EleNão foi um movimento coordenado por feministas que levou às ruas atos em protestos contra as declarações machistas, misóginas e homofóbicas do então candidato à presidência da República, Jair Bolsonaro.

campanha da extrema-direita em torno da candidatura de Jair Bolsonaro, então no minúsculo PSL. Para que tivessem aparência de verdade, as notícias falsas eram produzidas em sites especializados neste tipo de mentira elaborada com aparência jornalística, citadas em tuítes (que poderiam ser apagados em seguida) e reproduzidas, como sendo de fontes confiáveis, em lives no Instagram por "autoridades" discursivas: candidatos, pastores, influenciadores digitais. A partir do "esquentamento" da informação pela confirmação de alguma "autoridade", as mentiras ganhavam repaginação e adaptação ao tipo de mídia em que seriam distribuídas, principalmente WhatsApp, e viralizavam com apoio de robôs por essas redes subterrâneas.

ROBÔS MULTIPLICADORES

As notícias falsas disseminadas no Brasil durante a campanha de 2018 partiram de uma base fora do território brasileiro (para driblar as leis locais que restringiram o volume de receptores em cada distribuição de informação e regularam o uso de dados). Os responsáveis por organizar este processo contavam com milhares de números de celulares comprados com uso de CPFs obtidos da extração de dados das redes[27]. A partir destes celulares adquiridos de modo criminoso para

---

27. Estratégias de caça de dados por meio de jogos de adivinhação (quiz), pelo comportamento das pessoas em seus perfis de redes (as curtidas, as palavras mais usadas para comentar) com as trocas de informação, analisadas em sua semântica e transformadas em dados para as fórmulas do algoritmo. No início do ano, uma amiga interagiu em um quiz com previsão de futuro. A resposta era de que ela mudaria de endereço em breve. Por meio de outro aplicativo, ela estava há uma semana negociando um novo imóvel para morar.

distribuir as notícias falsas, esta rede reproduz com a informação como "produto" o esquema fraudulento de pirâmide usado para ganhar dinheiro em cima de incautos.

DADOS ROUBADOS

A web semântica e os algoritmos são a chave para o mapeamento que plataformas e aplicativos fazem do fluxo das informações de seus usuários. Todas as pegadas deixadas nas redes são dados utilizáveis e comercializáveis: as conversas, o uso do cartão de crédito, o *like* (ou *deslike*, ou carinha de tristeza, ou de força...), os dados abertos dos servidores públicos (tão importante para a transparência pública brasileira). Alguns grupos, de apoio ou de repúdio a candidatos, criados em redes de Facebook durante as eleições, foram utilizados como fonte de dados para mapear tipos específicos de eleitores a serem inseridos em campanhas que organizam grupos-alvo para o bombardeio de mentiras, para que estes "atingidos" se tornem multiplicadores em suas redes pessoais.

MÍDIA PARTIDARIZADA

Um dos problemas para o enfrentamento das notícias falsas diz respeito ao comportamento da mídia tradicional, que fortaleceu a naturalização do golpe de 2016 e contribuiu para a eleição de Bolsonaro dois anos depois. A marca deste posicionamento conservador e de apoio aos golpes no país pode ser encontrada na permanente criminalização da política e dos movimentos sociais, especialmente os de cunho identitário; na exclusão, ou redução, do espaço para quaisquer opiniões, em geral de esquerda, que firam seus interesses ou os de seus parceiros. Nas eleições de 2018, editoriais destes veículos apontavam uma "escolha muito difícil"[28] entre Fernando Haddad e Jair Bolsonaro. Os veículos tradicionais optaram pelo silêncio frente às mentiras impulsionadas pelos robôs, como a da distribuição dos "kit gay" e da "mamadeira de piroca" em escolas infantis. Postura semelhante à da mídia nos Estados Unidos frente às mentiras diárias do ex-presidente Donald Trump, só confrontadas[29] quando o republicano já havia perdido as eleições.

Apenas em 1989, na primeira eleição direta para presidente desde o fim da ditadura no Brasil, houve mais candidaturas à presidência (22 no total) do que em 2018, quando 13 candidatos disputaram o primeiro turno do pleito, marcado pela truculência da extrema-direita. Foram para o segundo turno Jair Bolsonaro (PSL), eleito com 55,13% dos votos, que usou a mão simulando uma arma como símbolo de campanha e escolheu para vice um general; e Fernando Haddad, que obteve 44,87% dos votos, alçado a candidato de última hora[30], articulado com a jornalista gaúcha e ex-deputada Manuela

---

28. Em 8 de outubro de 2018, o jornal *O Estado de S. Paulo* publicou o editorial com este título. https://opiniao.estadao.com.br/noticias/geral, uma-escolha-muito-dificil,70002538118 .

29. Empresas cortaram a transmissão de entrevista coletiva de Trump, ainda presidente, na Casa Branca, sob o argumento de que ele estava mentindo.

30. Por decisões do juiz Sérgio Moro, de Curitiba, no âmbito da Operação Lava Jato, o ex-presidente Luís Inácio Lula da Silva ficou preso por 580 dias, afastado das eleições, com confirmação em tribunais superiores. Lula era o candidato favorito à Presidência da República em 2018. Ver: https://www.redebrasilatual.com.br/politica/2021/11/lula-completa-dois-anos-liberdade/.

D'Ávila[31] (PCdoB) como vice. A chapa de esquerda sofreu uma onda de ataques por meio dos robôs originada no que se passou a denominar "gabinete do ódio". Boa parte dos ataques teve cunho sexista, especialmente contra Manuela.

O embate mais forte – e mais violento – na campanha de 2018 no Brasil se deu no campo de gênero. Antes de se tornar candidato, Jair Bolsonaro exibia em seu currículo um ataque no parlamento contra a deputada – depois ministra de Direitos Humanos do governo de Dilma Rousseff – Maria do Rosário (PT), a quem disse "não estupro porque é feia"[32]; e o voto pelo impeachment dedicado ao torturador de Dilma, Carlos Alberto Brilhante Ustra, acusado de torturar mulheres inserindo ratos em suas vaginas, dentre outras atrocidades. As mulheres protagonizaram as principais manifestações contra a candidatura bolsonarista e centralizaram a luta em torno da palavra de ordem que inundou redes digitais e as ruas: #EleNão. As mulheres do Feministas Brasileiras no Uruguai ♀️✊🎶 participaram da rede #EleNãoUruguai, uma das muitas criadas pelo mundo neste período eleitoral brasileiro, responsável pela organização de atos em cidades de todo o planeta.

As conversas no grupo do Facebook, no período de campanha, giram em torno da apreensão quanto à possibilidade,

---

31. Os ataques misóginos levaram Manuela a criar um instituto sobre *fake news*. Foi candidata a prefeita de Porto Alegre (RS) e recebeu ataques pela condição feminina e por ser feminista.

32. Bolsonaro foi condenado a pagar multa e se retratar, mas voltou a atacar a deputada Maria do Rosário. https://www.migalhas.com.br/quentes/304434/por-ordem-judicial--bolsonaro-publica-pedido-de-desculpas-a-maria-rosario---calor-do-momento.

cada vez mais perceptível, de eleição de Bolsonaro. Os motivos para migrar que aparecem nas conversas complementam a conjugação dos verbos "fugir" e "exilar": do inominável; do coiso; do resultado da eleição; do risco de vida; da insegurança; do complicado de viver no Brasil; do adoecimento; da violência, que levou uma das mulheres a retirar as fotos de redes digitais, para não ser identificada. Uma delas observa que decidiu migrar por uma confluência de fatores: "mulher, lésbica, com transtorno de personalidade e de esquerda". Alguém se diz aliviada por morar perto da fronteira. As aspirantes à migração recebem praticamente a mesma resposta dita com poucas variações pelas que já vivem no Uruguai: contem com a gente.

As questões de política e gênero se misturam nestes tempos pré-eleitorais e as integrantes de movimentos organizados – Mulheres da Resistência no Exterior, Mulheres no Exterior contra Bolsonaro e #EleNãoUruguai – são responsáveis por trazer informações, com vídeos, *cards* e links, sobre atos e palavras de ordem que unifiquem as feministas brasileiras no Uruguai, especialmente #ForaBolsonaro. A organização da participação do coletivo no 8 de março, dia em que as ruas de Montevidéu são tomadas por manifestações feministas, e nos protestos por um ano do assassinato de #Marielle ocupa parte das conversas de fevereiro e março. Impulsionada pela repetição diversas vezes no grupo, a *hashtag* #LulaLivre também se destaca.

Conforme aumenta a possibilidade de Jair Bolsonaro se eleger, mais mulheres pedem informações que envolvem o viver no Uruguai: custo de vida, onde morar, como conseguir estudar na Udelar, a universidade pública do país, como validar o diploma, quais as chances de trabalho na área de cultura, se há mercado para mulher que faz reparos domésticos, como trocar moradia por trabalho, quais as chances de quem tem animais se instalar na cidade. São artistas, professoras, artesãs, cabeleireiras, psicólogas, veterinárias, tatuadoras que se propõem a montar estúdio, buscam parceiras para trabalhar, querem aprender (ou ensinar) línguas, oferecem tradução oficial. Dentro de redes é comum a formação dos *clusters*, o nome técnico de pesquisa para os subgrupos. O compartilhamento de um tema, ou problema, comum a um grupo menor nesta rede pode resultar em uma formação paralela, que ganha vida própria em torno deste aglutinador, sem prejuízo à continuidade do Feministas. No período eleitoral, mães solo trocaram não apenas ideias, mas soluções compartilhadas para migrar com segurança e suportar o custo elevado de viver em Montevidéu e em outras cidades uruguaias. Dividir moradia, orientação sobre escolas, dificuldades do trabalho para mulheres com filhos (e sem marido). As conversas se aprofundam sempre por *inbox*, para tratar dos assuntos exclusivamente com quem tem interesse. Ao comentar o resultado de um questionário apresentado ao grupo quanto à migração com filhos – das 11 respondentes, apenas três disseram ser mães – uma das integrantes do Feministas observou, utilizando a linguagem neutra em espanhol: *"Es difícil emigrar con hijes"*[33].

---

33. "É difícil emigrar com filhes", em português.

3. GÊNERO SOB ATAQUE

....

sombras

o vento leva

sombra

nenhuma

dura

Paulo Leminski[34]

Ao assumir a presidência da República em janeiro de 2019, Jair Bolsonaro nomeou a pastora da Igreja do Evangelho Quadrangular Damares Alves para o Ministério da Mulher, da Família e dos Direitos Humanos. Assessora parlamentar do então senador Magno Malta (PR), preterido para o cargo, a advogada militante antiaborto foi encarregada de colocar em prática o combate às propostas sobre igualdade de gênero no Brasil e também em instâncias de organismos internacionais. Ela contou com três grupos[35] de apoio a esta guerra contra direitos sociais: o conservadorismo cristão com a pauta principal antiaborto, um segmento formado tanto por católicos, quanto por evangélicos, como Damares; o movimento Escola sem partido, que tem como objetivo eliminar qualquer possibilidade de formação, com o debate crítico, sobre gênero e sobre

---

34. Segunda parte de poema de *Distraídos venceremos*, publicado em: LEMINSKI, Paulo. [Sombras...]. *In*: LEMINSKI, Paulo. *Toda poesia*. São Paulo: Companhia das Letras, 2013. p. 237.

35. Análise de 100 dias do governo Bolsonaro a partir da perspectiva de gênero, por Flávia Biroli, publicado no *Le Monde Diplomatique* em 10 de abril de 2019. https://diplomatique.org.br/as-mulheres-bolsonaro-100-dias/.

violência; e o próprio Bolsonaro, e seu entorno familiar, com declarações que afrontam o feminismo e a igualdade de gênero.

Primeiro ano do governo Bolsonaro, 2019 registrou o maior número de feminicídios no Brasil desde a sanção, em 2015, da Lei Maria da Penha, que passou a tipificar este crime cometido pelo fato de a vítima ser mulher: 1.314 mortes. A década de 2010, especialmente a partir de 2013, na América Latina, foi de chegada de uma onda conservadora, em que religião e moral passam a servir de fundamento da autoridade política. Entram neste rol, Costa Rica, Colômbia e Peru. A campanha pela deposição de Dilma Rousseff também se deu neste contexto, somada à onda de ódio contra o PT, que posteriormente recebeu a soma de outros ódios direcionados à esquerda, às mulheres, às pessoas LGBTQIA+, a indígenas, a pretos e a tudo que não se encaixasse na heteronormatividade patriarcal, branca e cis.

Além do aniquilamento das políticas públicas para igualdade de gênero, o primeiro ano do governo Bolsonaro foi de aprofundamento do modelo de comunicação alimentado em rede por robôs com notícias falsas, somado ao fato de o presidente da República, a autoridade máxima do Poder Executivo, ter um programa semanal ao vivo em mídias digitais para uso viral. Em paralelo ao desmonte do Bolsa Família, programa em que os recursos são entregues às mulheres, por meio de decretos, o governo de extrema-direita facilitou o acesso – e, principalmente, o porte – legal a armas de fogo de todos os calibres e potências.

Depois da eleição de Bolsonaro, as justificativas para mudar de país ainda o apontam como causa – "o pontapé foi o Bozo", "o país desse jeito", mas há quem pretenda mudar porque se divorciou, quem não saiba se está decidindo "por loucura ou risco", e quem tenha muito claro por que escolheu o país: "ley trans, legalidade da marijuana, aborto legalizado, universidade para todos, saúde para todos". Os pedidos de informação sobre o Uruguai tornaram-se mais objetivos ainda e ligados a questões da vida cotidiana, a partir da posse de Bolsonaro: condições de moradia coletiva, escambo de trabalho por um lugar para morar, onde encontrar parceiras para jogar futebol, mais chance de emprego para quem é fluente em inglês, como fazer para vender comida nas feiras-livres, espaço de comércio bastante tradicional pelas ruas de Montevidéu. Ao responder que vendia em uma feira em que não exigiam documentos da prefeitura, uma das mulheres do grupo descobriu que exercia uma atividade ilegal. A capital é fria, de ventos cortantes. E cara. Vinhos, aluguéis, comida, serviços. Tudo é caro. A cidade pequena, de 2 milhões de habitantes, tem custo de vida comparável à capital de São Paulo, que abriga 14 milhões de pessoas.

A reprodução do vídeo que mostra a performance das feministas chilenas cantando "El Violador eres tu[36]" levou o grupo a discutir a situação política da América Latina, da violência contra a mobilização das mulheres naquele país, por ordem do presidente do Chile Sebastian Piñera, o "bozim mirim", como ironizam algumas. O primeiro ano de mandato de Bolsonaro coincide com o período de campanha eleitoral

---

36. O grupo feminista chileno Las Tesis criou uma performance que viralizou, cuja letra foi inspirada nos textos da argentina Rita Segato, antropóloga feminista, professora da UnB, que escreve sobre os estupros e sua desmistificação. https://vermelho.org.br/2019/12/02/cancao-de-resistencia-feminina-sai-do-chile-e-ganha-o-mundo/.

no Uruguai, que se assemelha, em tons pastéis, com o modelo de derrame de mentiras em rede, só que em um país que, além de pequeno, conta com 100% de inclusão digital. O apelido "bozim" também é atribuído aos candidatos da direita uruguaia. Interessada em se mudar, uma das integrantes que ainda vive no Brasil informa ter economizado dinheiro para os primeiros tempos de migração e recebe um alerta: "Não recomendo ninguém vir para Uruguai até depois das eleições de outubro, podemos ter um símil ao Bozo!! Não é bom cair numa enrascada e apostar todas as fichas aqui...". Com apoio da extrema-direita, o advogado Luis Lacalle Pou venceu as eleições no segundo turno por 35 mil votos de diferença, encerrando 15 anos de gestão da Frente Ampla, de esquerda, na presidência do país.

A indignação pelas queimadas na Amazônia, reflexo do desmonte promovido pelo governo Bolsonaro na estrutura do Estado para a proteção ambiental, se faz presente nas discussões do grupo. Em agosto, período em que as notícias mostram descontrole sobre o fogo que destrói a floresta, há engajamento de integrantes do Feministas Brasileiras à participação em ato organizado pelo SOS Amazônia, que reuniu ambientalistas do grupo Fridays for Future Uruguay[37] nesta edição, em frente à embaixada brasileira. Desta vez, ninguém se perdeu. O período é de muitos convites para manifestações por um ano da morte de #Marielle, para a Marcha da Diversidade, para o Dia Internacional da Mulher.

---

37. Movimento mundial criado pela ativista ambiental Greta Thunberg, em que jovens faltam às aulas nas sextas-feiras para protestar contra os crimes climáticos.

Há trocas de mensagens sobre participação no 8 de março e nos protestos contra investigações truncadas que impedem a elucidação do assassinato da vereadora Marielle Franco e do motorista Anderson Lopes e a consequente punição dos criminosos. Estas conversas levam uma parte do grupo a organizar – *inbox* – discussões sobre a violência contra a mulher e a agendar um evento de formação de um coletivo feminista. A participação do coletivo nesses atos é modesta. Há mulheres que vão a todas as manifestações, há as que vão a algumas, há as que apoiam o movimento em ações nas redes digitais, "sem sair do sofá", por meio do que consideram atitudes feministas, como a manutenção de hábitos individuais feministas: comprar de mulheres, desenvolver projetos com/para mulheres, dar visibilidade e sustentação, pela compra, à produção feminina.

4. UM VÍRUS

Onde andará Clara Crocodilo?

onde andará?

será que ela está roubando algum

Supermercado?

....

ou será que ela está adormecida em sua

mente esperando a ocasião propícia para

despertar e descer até seu coração...

....

Arrigo Barnabé[38]

No dia 31 de dezembro de 2019, o governo chinês informou à Organização Mundial da Saúde (OMS) sobre a eclosão de uma série de casos de pneumonia viral de origem desconhecida, na cidade portuária de Wuhan[39]. As imagens do caos na saúde em uma cidade da Ásia pareciam algo distante para o mundo "ocidental". No dia 11 de fevereiro de 2020,

---

38. Trecho da canção "Clara Crocodilo", de álbum do mesmo nome, em que uma história é contada como se fosse uma ópera em quadrinhos. A personagem Clara foi uma caixa de supermercados submetida a experimentos da indústria farmacêutica. Clara Crocodilo. Compositores: Arrigo Barnabé, Mário Lúcio Cortes. *In*: Clara Crocodilo. Intérprete: Arrigo Barnabé, Sabor de Veneno. Nosso Estúdio, 1980. 1 LP, faixa 8. A letra da música, contada como ópera em quadrinhos, pode ser acessada aqui: https://www.letras.mus.br/arrigo-barnabe/272241/.

39. Cidade portuária, Wuhan é um *hub* de comércio tanto para a China quanto para o planeta.

o diretor-geral da OMS Tedros Adhanom Ghebreyesus, anunciou que o mundo enfrentava uma grave pandemia da doença que passou a ser denominada covid-19. O vírus se espalhara para além da Ásia e chegara à Europa. No dia 8 de março, o governo italiano decretou *lockdown* no epicentro da crise sanitária, a região da Lombardia, que tem em torno de 16 milhões de habitantes e envolve as cidades de Veneza e Milão. Até 15 de março o vírus não apareceu nas conversas das Feministas Brasileiras no Uruguai.

No final de fevereiro, o assunto que concentrou a troca de mensagens no Facebook – organizado pelas integrantes de um recém-criado grupo de mesmo nome no WhatsApp – foi o esforço para reunir o maior número de mulheres no Montevideo Chic Hostel, em Ciudad Vieja, na calle Piedras, número 597. Além da reunião para "fazermos pizza e tapioca. Temos as massa já. Se puderem, levem algum recheio e o que forem beber, porfa", a ideia era promover uma confraternização entre feministas e organizar[40] a participação coletiva no 8 de março, o #8M2020.

De pé-direito alto, com escadarias que denotam um passado elegante, o hostel é uma construção restaurada, do século XIX, localizado a um quilômetro dos pontos turísticos do centro histórico e do centro financeiro do país. Abriga moradores de diversos países da América Latina e, para alguns, troca hospedagem pelo trabalho de manutenção e organização do lugar. À época do encontro, o Montevideo Chic era administrado por

---

40. Aqui se dá a integração da pesquisadora ao grupo, por intermédio de um laço fraco, uma ex-aluna. A descrição do encontro é a reunião das memórias de participantes que aceitaram colaborar com a reconstituição dele. Não houve registro feito pela pesquisadora, pois não se tinha ideia de que este seria o grupo observado.

uma brasileira, socióloga, natural da Paraíba. Há um terraço na cobertura com área de churrasqueira, muitos varais e vista para o porto, à beira do estuário do rio da Prata.

O encontro, o maior desde a criação do grupo, coincidiu com a posse do presidente Luis Lacalle Pou, de centro-direita, que venceu o candidato da coalizão da Frente Ampla, de esquerda. Domingo, 1º de março, era a data disponível para a maioria das mulheres. O local da posse, vizinho à Ciudad Vieja, modificou o tráfego de veículos em algumas regiões da cidade; o caminho pela *rambla*, como se chama o calçadão da orla, estava livre, muros de prédios antigos exibiam pichações: "Justicia para Chile", "Democracia para Brasil". As mudanças no trânsito provocaram alguns atrasos e indignação contra o presidente empossado. "O dia do encontro marcou uma resistência ao novo governo que assumia no Uruguai depois de muitos anos de comando esquerdista", afirmou a coordenadora do grupo no Facebook, ao recordar aquela data.

A primeira parte da reunião, no terraço onde se chega por uma escada íngreme, foi dedicada às apresentações: a experiência de migrar, a trajetória para o feminismo. Os temas transversais à vida de migrante feminista estiveram presentes: desigualdade social, abandono de animais, evasão escolar, violência doméstica, diferenças entre o Brasil e o Uruguai. Algumas só se conheciam pelo grupo do Facebook. Duas amigas radicadas no Uruguai há mais de duas décadas contam que trabalharam na gestão petista que lançou o orçamento participativo no Rio Grande do Sul, no início dos anos 1980, antes da mudança para Montevidéu, e que se juntaram ao grupo para se sentirem integradas. Outras contam que fugiram no golpe de 2016. Há as que migraram durante a campanha eleitoral de 2018, algumas mal haviam desfeito as malas. Em comum, ideais feministas e fuga: da violência familiar, violência social, do machismo, de relacionamentos abusivos. As apresentações repetiam, de certa forma, as principais conversas virtuais do Facebook.

As histórias contadas no terraço do Montevideo Chic incluíram depoimentos de duas uruguaias que vivem nesta zona cinzenta do ser estrangeiro. A primeira, que estava iniciando a oferta de um curso para capacitação profissional de mulheres, formou-se pela Universidade Federal da Integração Latino-Americana (Unila), instituição criada pelo governo Lula, em 2010, em Foz do Iguaçu, na fronteira com os países do Mercosul, e que recebe alunos de Brasil, Uruguai, Argentina e Paraguai. Quem se forma nessa universidade brasileira precisa pedir o reconhecimento do diploma por instituição uruguaia, pois não há qualquer acordo entre os países para que a certificação seja automática. A orientadora laboral conta que isto representou atraso para conseguir trabalhar com o sonho de toda a vida: formar mulheres para o mundo do trabalho. A segunda uruguaia juntou-se ao Feministas por causa da amiga brasileira com quem trabalha em uma empresa de telecomunicações. Em um português impecável, disse ser autodidata e ter estudado a língua assistindo filmes do Brasil. Aliás, domina vários idiomas, aprendidos do mesmo modo. Mulher que fugiu de abuso no casamento, apresentou a filha, uma pré-adolescente feminista, que na manifestação de 8 de março foi munida de lápis e batons para desenhar nos braços e rostos das Feministas Brasileiras que se encontraram na Plaza de Cagancha os "vários feminismos que existem", como explicou.

No que diz respeito ao mundo do trabalho, algumas violências são comuns: a submissão a trabalhos ilegais, o assédio, a exclusão de direitos. Uma história provocou comentários indignados, a da recém-migrante que estava "empregada" em uma empresa de telemarketing onde todo mundo trabalhava em pé, sem direito a ir ao banheiro, oferecendo opções de aplicação financeira de ganho duvidoso a clientes incautos, durante oito horas diárias. Os únicos dias em que recebiam cadeiras para se sentar eram, coincidentemente, aqueles em que a fiscalização batia por lá, de forma aleatória. Foi convencida pelas companheiras a abandonar a escravidão. Profissional organizadora de eventos em Brasília, onde morava antes de migrar, optou por trabalhar com a comercialização de comida vegana, como as pizzas de tapioca que levou de amostra para a segunda parte do encontro.

A conversa no terraço foi encerrada ao som de "Maria de Vila Matilde", música de Elza Soares que fala da reação à violência contra a mulher: "Cê vai se arrepender de levantar a mão pra mim [...]"[41], apresentada ao som do violão e da voz rascante de uma gaúcha que participou de uma edição do reality show *The Four Brasil*, recém-chegada à cidade. O canto virou uma dança coletiva para o pôr do sol. Os momentos foram registrados pela estudante de comunicação de Brasília, que estava provisoriamente morando em Montevidéu integrando uma rede de nômades digitais que viaja pela América Latina se hospedando em hostels em troca de prestação de serviços profissionais, tais como fotografia e ações em redes digitais para atrair hóspedes. Ela chegou ao grupo por meio da coordenadora do Feministas no Facebook, que conheceu em uma celebração indiana, a Festa das Luzes. A jovem estudante, que

---

41. https://www.letras.mus.br/elza-soares/maria-da-vila-matilde/.

por conta da pandemia interrompeu a experimentação de nomadismo digital[42], foi o laço que levou esta pesquisadora e a cantora gaúcha ao Montevideo Chic. Daquele encontro, conta que ficou impactada com o depoimento da "menina que estava com o boné do MST", uma tatuadora recém-integrada ao grupo: ela "falou algo que foi muito importante sobre minha reflexão do Uruguay, explicando que Montevideo não era só a bolha de Pocitos, centro e outros bairros mais nobres". O encontro terminou com pizzas veganas, feitas com tapioca, de recheios vários levados pelas integrantes do grupo. A cerveja rodava pelas mãos – e bocas – das participantes, repetindo um hábito local de compartilharem a mesma garrafa, o que talvez tenha mudado com a pandemia. A música que embalou esta parte da confraternização era de Manu Chao: "estrangeira, clandestina... marijuana, ilegal". A reunião também serviu para definir a participação coletiva no 8 de março e o ponto de encontro, no marco zero da cidade, a Plaza de Cagancha, que geralmente abriga feiras de artesanato e fica lotada nos dias de manifestações. Algumas participantes levaram sementes de canabis para dar de presente na despedida em Ciudad Vieja.

O #8M, como as feministas denominam (e organizam) internacionalmente as manifestações de 8 de março, é um evento de porte que ocorre em Montevidéu. Não foi diferente

---

42. Quando as fronteiras começaram a ser fechadas, ela decidiu cancelar a viagem já articulada para o Chile, onde iria trabalhar com uma espécie de assessoria nas redes para conquistar jovens hóspedes. De volta ao Brasil, decidiu tratar do tema em seu trabalho de conclusão de curso, organizando o roteiro do documentário que, depois de vacinada, passou a executar em Montevidéu, o ponto de partida para conhecer outros nômades digitais.

no #8M2020. Milhares de mulheres – vindas em grupos ou sozinhas, de ônibus, a pé, de bicicleta – começam a se reunir na praça, que é o ponto de partida da manifestação, que desce pela avenida 18 de Julho. Formam-se pequenos aglomerados de mulheres pintando as marcas do movimento pelo corpo, ou tocando tambores, dançando coreografias ensaiadas, dando acabamento a faixas e cartazes. Nesta edição, duas mulheres fizeram acrobacias penduradas em fios de aço presos a prédios vizinhos à prefeitura da capital. Os dizeres, escritos ou gritados em palavras de ordem, são de defesa do feminismo, contra o fascismo e o machismo. Também repetem que estão ali para representar as mulheres que não têm voz, para denunciar as mortes pela condição de gênero. *"En las calles queremos ser libres, no valientes"*[43], lê-se em um cartaz.

A pandemia interrompe o desejo do grupo de realizar novos encontros regados a abraços, danças e comilanças. A doença escancara um planeta em crise, dividido, agrupado em *clusters* que, ora são nacionais, ora ultrapassam as fronteiras, com o afloramento do fascismo que manipula a informação com uso intensivo da computação e pela aplicação de teorias da comunicação, notadamente as relacionadas com propaganda, imbricadas com a psicologia. Esta comunicação se baseia em comportamentos e define *microtargets*, que são bombardeados ideologicamente, o que inclui o negacionismo, primeiro da doença, em seguida das vacinas.

---

43. "Nas ruas queremos ser livres, não valentes", em tradução livre.

A Coronavirus Facts Alliance[44], que reúne 88 organizações de *fact checking*, como se denomina a conferência profissional da veracidade dos fatos, encontrou nove ondas de desinformação que atingiram as redes do planeta no decorrer da pandemia: (1) o surgimento da doença a partir de sopa de morcego; (2) morte súbita como a causa verdadeira dos anunciados óbitos por covid-19; (3) os falsos tratamentos preventivos e com alimentos mágicos, como feijão, por exemplo; (4) os perigos da vacina da China; (5) os "escolhidos" que a doença não atinge; (6) os esquemas de *phishing*[45], para conseguir dados e senhas em grupos e em conversas sobre a pandemia; (7) a politização do assunto, com uso da máquina pública e mandatos representativos com fins eleitoreiros ou semelhantes; (8) a manipulação de dados para justificar abertura de escolas, comércio etc.; (9) movimento antivacina, segundo o qual as pessoas podem ter alteração do DNA, virar jacaré (no Brasil, nos Estados Unidos viram crocodilo), ter chip implantado (pelos comunistas chineses, garantem alguns) para que sejam monitoradas.

Em paralelo ao trabalho internacional de desinformação promovido por grupos negacionistas ou interessados em ganhar com isso, deve-se ressaltar os avanços da ciência, fruto

---

44. Projeto de colaboração global entre organizações de *fact checking* (conferência de informações) criado em 2020 para combater as desinformações e mentiras sobre a pandemia. https://www.poynter.org/coronavirusfactsalliance/.

45. Esta é uma ação fraudulenta caracterizada pela tentativas de roubar dados pessoais de outra pessoa, como senhas, dados financeiros, dados bancários, números de cartões de crédito ou simplesmente dados pessoais. https://canaltech.com.br/seguranca/O-que-e-Phishing/.

do trabalho de uma rede de cientistas espalhada por laboratórios – de universidades e de instituições de pesquisa – de todo o planeta. A OMS coordenou e mapeou essas ações colaborativas. O sequenciamento do vírus foi feito na China duas semanas após a eclosão da pneumonia viral. No Brasil, o sequenciamento genético foi feito por laboratórios públicos que integram o SUS. As regiões têm variações do mesmo vírus e isto também é objeto de estudos. A Fundação Oswaldo Cruz (Fiocruz), maior instituição de ciência e tecnologia brasileira, foi responsável pelo treinamento dos profissionais dos laboratórios centrais nos estados, para a aplicação de testes. Estas ações não foram acompanhadas com aporte financeiro e apoio institucional do governo federal. No mundo, pesquisadores de laboratórios públicos e privados trabalharam coletivamente no desenvolvimento de vacinas.

É preciso lembrar que, no passado, epidemias parecidas se desenvolveram em um cenário de muito menor integração entre países e pessoas, com diferentes quadros de divisão do trabalho e de densidade populacional. Em dez meses já havia vacinas em teste em várias regiões do planeta, fruto das pesquisas anteriores com vírus da mesma família – SARS-CoV-1 e MERS-CoV. Sistema semelhante organizou a rede de testes de medicamentos para tratar a doença. Também se formaram redes para fabricação de equipamentos, como respiradores, essenciais para salvar vidas nos casos graves. As universidades públicas cederam conhecimento e impressoras 3D para a produção de peças para os produtos hospitalares, bem como desenvolveram *startups* com projetos de código aberto para toda a sociedade. Grupos transdisciplinares, formados por engenheiros, médicos, pesquisadores e empreendedores, se uniram para o desenvolvimento de soluções, produtos e equipamentos com aplicação imediata no combate à pandemia.

Por todo o planeta, a universalização da saúde, com imunização e renda básica para garantir isolamento, esbarrou nos interesses do capital, na manutenção das patentes para as vacinas, que deveriam ser um bem da humanidade. As populações dos países pobres foram as mais atingidas. O governo brasileiro, comandando por um presidente negacionista, excluiu-se do grupo de países em desenvolvimento, liderados pela Índia, favoráveis à quebra de patentes de vacinas e medicamentos relacionados à covid-19, o que permitiria aos países pobres produzir, ou receber, vacinas e medicamentos genéricos, o que reduz significativamente o custo de proteger a população e garante a produção em massa.

As conversas das feministas no Facebook passam a utilizar o verbo "esperar", no lugar de mudar. Como em várias cidades brasileiras com as primeiras notícias de fechamento de comércio e proibição de atividades em ruas e praças, houve correria aos supermercados em Montevidéu. Havia muitas dúvidas sobre a situação de contratos, especialmente das pessoas que já haviam feito pagamentos para reservar hospedagem. Em março, a plataforma Airbnb, de oferta de hospedagens em rede, anunciou a suspensão de multas para quem desistisse dos contratos previstos. Depois de decretada a emergência, o centro velho da capital, onde fervilham turistas, ficou vazio, até mesmo a tradicional comemoração do dia de S. Patrick no tradicional bar irlandês da cidade foi suspensa. Há pedidos de participação em vaquinhas virtuais: para a conclusão de filme e para manter em funcionamento um canal do YouTube de "aulas de espanhol em tempos de vírus". Também aparecem ofertas de comidas e outros tipos de produtos que podem ser entregues em domicílio. A recomendação para quem não está no Uruguai é "não venham para cá". Alguém avisa que está no Brasil acompanhando a mãe doente.

5. UMA INVESTIGAÇÃO EM REDE

Perdido en el corazón
De la grande Babylon
Me dicen "el clandestino"
Por no llevar papel
"Clandestino", Manu Chao[46]

A história contada anteriormente foi baseada em parte nos dados obtidos na rede Feministas Brasileiras no Uruguai ⚥🫶🎺 no Facebook, em parte na convivência com algumas destas mulheres bem como na participação em eventos comuns. Também foi complementada com os resultados de um questionário aplicado aos grupos do Facebook e do WhatsApp a que estão filiadas. A ideia era mostrar como se podem usar metadados para conhecer uma rede e como eles precisam estar relacionados ao contexto, ao seu tempo. Também indicar o tratamento de dados disponíveis em redes digitais de um modo não comercial. Nas histórias contadas aqui as identidades das pessoas foram preservadas. Não

---

46. Clandestino. Compositores: Manu Chao, Chico César. *In*: Clandestino. Intérprete: Manu Chao. Virgin Records, 1998. 1 CD, faixa 1.

foram citados nomes, mas características ou profissão das personagens apresentadas.

A partir da análise dos metadados coletados, com autorização das participantes, buscou-se apresentar aspectos da vida de mulheres brasileiras migrantes, ou interessadas em migrar, que integram o grupo Feministas Brasileiras no Uruguai ♀⚥⚧ no Facebook. Uma proposta de recompor um período da história, por meio dos fluxos de conversas no grupo entre 16 de março de 2018 e 30 de maio de 2020. Estas trocas de informação ofereceram o contexto político deste período a partir da ótica feminista de mulheres expatriadas – por vontade própria, ou pelas contingências. A história contada aproxima-se da narrativa da grande reportagem, a partir de um percurso de pesquisa que envolveu a observação dessa rede, do ponto de vista de quem é parte dela. Este estudo é fruto de uma mudança de planos, refeitos por conta da eclosão da pandemia de coronavírus, um dos atores aqui apresentados.

Neste tópico, serão apresentados os detalhes dos memoriais das coletas de dados da pesquisa. Para dar conta da complexidade do estudo, lançou-se mão da mescla de metodologias[47]: Análise de Redes Sociais (ARS), para observar os dados pelas relações entre atores com o apoio da estatística; Estudo de Usuários, para compreender a capacidade e

---

47. Miranda e Simeão, pesquisadores da UnB, que transitam entre a Ciência da Informação e a Comunicação, denominam esta articulação de "metametodologia". SIMEÃO, Elmira; MIRANDA, Antônio. Multivocalidade como metametodologia para produção de conhecimento: estudo de caso. *In*: XI Congresso Internacional de Bibliotecología, Santiago de Chile, 25 a 27 de outubro de 2006.

competência para uso e gestão da comunicação, da informação e de sistemas e tecnologias computacionais; análise de conteúdo, que permite agrupar os sentidos produzidos pelo grupo. Também traz elementos da pesquisa/ação, uma vez que se apoia em vivências/relacionamentos da pesquisadora com o universo observado. É, ainda, um estudo etnográfico. Como já destacado, os resultados estão apresentados sem identificação nominal das pessoas.

A pesquisa de ARS[48] teve como objetivo verificar a intensidade das relações entre as participantes do grupo e avaliar as trocas de sentidos que se dão naquele ambiente digital. Na primeira etapa de trabalho, foram definidos os critérios para o cômputo dos laços, assim estabelecidos:

a) a cada publicação, é criado um laço entre a autora inicial e cada uma das que reagiram à mensagem;

b) a cada comentário na publicação, é estabelecido novo laço entre a autora do comentário e a autora da mensagem inicial;

c) cada comentário referente a comentário anterior, gera o estabelecimento de dois laços – um com a autora do primeiro comentário e outro com a autora da mensagem;

d) o comentário em uma publicação para "marcar" outra pessoa, chamando sua atenção para a mensagem,

---

48. As informações aqui utilizadas foram apresentadas no memorial de pesquisa elaborado por Ana Elizabeth Almeida Gomes, responsável pela extração e tratamento dos dados resultantes dos diálogos no grupo do Facebook. Além da planilha Excel®, onde os dados foram inseridos, foram utilizados o software livre Gephi, para a construção dos grafos, e a ferramenta WordArt, de construção de nuvem de palavras.

estabelece dois laços: da autora do comentário com a autora da publicação inicial e da autora do comentário com a pessoa marcada pela citação;

e) se, dentro de uma publicação, duas pessoas estabelecem um diálogo mais próximo, sem a participação da autora da mensagem inicial, considera-se apenas o laço entre as duas pessoas da conversa, pois a participação da autora da mensagem apenas serviu para estabelecer a ligação entre as duas pessoas;

f) As publicações e comentários sem reação/resposta não foram computadas, pois não geram laços objetivos entre a autora e as demais participantes da página.

Para fazer a análise semântica das trocas de mensagens, optou-se pela coleta manual dos dados, com o estabelecimento dos laços, classificação do assunto tratado, formato da mensagem (texto, foto, vídeo etc.), bem como a extração de todos os textos trocados em cada uma das publicações, para estabelecer, por meio de nuvem de palavras, uma visualização dos conteúdos-chave, a tônica das trocas no grupo. Todo o material foi reunido em uma planilha de Excel®, utilizada como base para que fossem feitos os recortes a serem pesquisados. Na planilha, cada interação corresponde a uma linha, com especificações distribuídas em seis colunas:

1. Data: da mensagem que deu início à interação;

2. Nó 1: pessoa que publicou a mensagem (ou comentário inicial);

3. Nó 2: pessoa que comentou ou reagiu à mensagem (ou comentário em que foi marcada);

4. Tema: assunto abordado;
5. Formato: da mensagem;
6. Texto: reprodução das mensagens trocadas, quando em texto.

A vantagem da extração manual dos dados é que, enquanto são verificados os indicadores objetivos das trocas, também é possível fazer uma análise geral. Assim, delinearam-se, durante o processo de coleta, três fases distintas do grupo ao longo dos 26 meses pesquisados. Numa segunda avaliação do material, foram definidas quatro fases, como apresentadas a seguir:

FASE 1

Da criação do grupo, em março de 2018, depois do assassinato da vereadora Marielle Franco, do PSol, no Rio de Janeiro, até o início da campanha eleitoral para a Presidência da República, em agosto de 2018, quando as conversas giraram principalmente em torno das questões de gênero e das regras de convivência do grupo.

FASE 2

Do início da campanha eleitoral para a Presidência da República de 2018 até 26 de fevereiro de 2019, quando se estabelece a dinâmica do novo governo eleito, de Jair Bolsonaro; é um período em que informações sobre o Uruguai dominaram boa parte das trocas de mensagens, bem como a discussão política com o que consideravam ameaça às mulheres se fosse consolidada a vitória do candidato de extrema-direita.

FASE 3

É o período que corresponde ao primeiro ano do governo Bolsonaro. Os pedidos de informação sobre o Uruguai são mais objetivos e relacionados à vida prática e às possibilidades concretas de mudança. Também, claro, as conversas envolvem a situação política brasileira e a violência contra as mulheres.

FASE 4

Do início da pandemia de covid-19 até a mensagem ao grupo solicitando autorização para a coleta de dados para a pesquisa. No período, passa a ter certo destaque a oferta de produtos e serviços prestados pelas próprias usuárias da página ou de amigas próximas. Os recortes pesquisados foram surgindo a partir dos achados no processo de extração dos dados. Definiram-se, inicialmente, os seguintes recortes:

> 1. Rede de interações compreendendo todo o período pesquisado;
> 2. Rede de interações na Fase 1;
> 3. Rede de interações na Fase 2;
> 4. Rede de interações na Fase 3;
> 5. Rede de interações na Fase 4.

O objetivo deste recorte era verificar quais nós (atores) têm maior peso na rede e quais as ligações mais intensas, que resultam na formação de *clusters*, ou aglomerações; e também verificar a intensidade de relações em cada uma das fases e os atores com maior peso em cada segmento do período pesquisado.

Figura 1 – Grafo de interações entre participantes da página em todo o período pesquisado

Considerando-se todas as fases pesquisadas, as interações entre as participantes da página representaram um grafo (Figura 1) com 344 nós (pessoas que participaram das conversas ou reagiram às trocas) e 1.246 arestas (relações), o que equivaleria a uma média de quase quatro interações para cada uma das que participaram da página no período pesquisado. Mas detecta-se desde o início forte protagonismo da administradora da página (aqui denominada Anita[49]) e das primeiras participantes.

---

49. Os nomes que aparecem nos grafos não são os das mulheres do grupo; foram escolhidos pela responsável pela extração de dados, inspirados em personagens femininas de destaque no mundo.

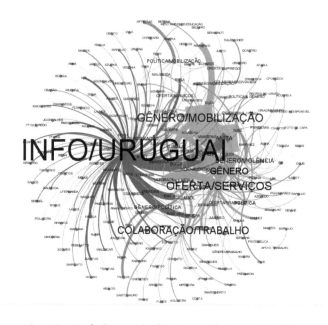

Figura 2 – Grafo de associação entre participantes da página e os temas abordados nas interações

Rede de associação entre autoras de mensagens (Nó 1) e o tema abordado

Por este recorte é possível perceber as "vocações" temáticas dos principais atores da rede. O grafo da Figura 2 mostra que, se levado em conta todo o período pesquisado, é muito maior o número de interações relacionadas à troca de informações sobre o Uruguai. Aparecem com menor intensidade os temas Gênero e Trabalho/Renda, este, particularmente, preponderante na última fase pesquisada, a do período da pandemia. Este grafo contém 216 nós e 359 arestas (associações com temas abordados), representando que cada uma das 216 autoras de mensagens abordou mais de um tema em suas publicações.

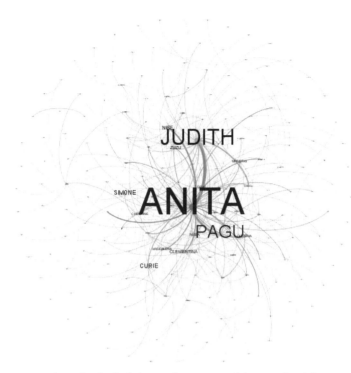

Figura 3 – Grafo de interações entre participantes da página em mensagens contendo links

Rede de interações em mensagens contendo link

Este recorte permite verificar os atores que desempenham com maior frequência e relevância o papel de ligação na rede. No grafo da Figura 3, há pelo menos três pessoas que se destacam no papel de ligação – tecnicamente denominado *gatekeeper* – entre esta e outras redes ou com conteúdos de outras páginas da *web*. Das 344 participantes da página que interagiram no período pesquisado, 191 reagiram, comentaram ou realizaram publicações com links para outros sítios na web, aí computadas, inclusive, outras páginas da mesma mídia, o Facebook.

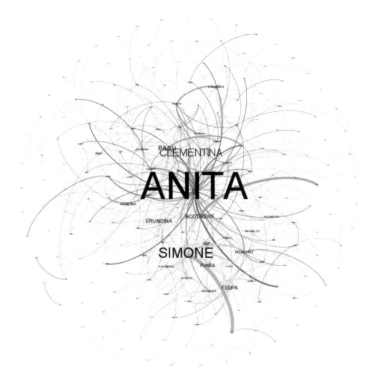

Figura 4 – Grafo de interações entre participantes da página em mensagens contendo informações sobre o Uruguai

Rede de interações em mensagens que têm como tema informações do Uruguai

No grafo da Figura 4, as trocas envolvendo informações sobre o Uruguai são mais distribuídas, ainda que se mantenha o protagonismo de pelo menos sete participantes da página, incluída a administradora. Entre "ajudantes e ajudadas", 196 participantes (nós) envolveram-se em conversas relacionadas ao Uruguai, em 489 trocas (relações). Em média, cada uma destas participantes envolveu-se em quase três trocas de informações.

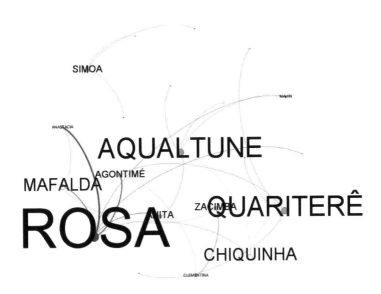

Figura 5 – Grafo de interações entre participantes da página em mensagens contendo informações sobre o Uruguai na Fase 1

Rede de interações em mensagens que têm como tema informações do Uruguai durante a Fase 1

Na Figura 5, o grafo indica a pouca relevância do tema relacionado ao Uruguai na primeira fase do período pesquisado, com apenas 21 pessoas da página envolvidas nestas interações, que foram de 26 no total – pouco mais de uma interação por participante das conversas nessa categoria. Este foi o período de intensa discussão sobre as regras de convivência do grupo feminista recém-criado.

Figura 6 – Grafo de interações entre participantes da página em mensagens contendo informações sobre o Uruguai na Fase 2

Rede de interações em mensagens que têm como tema informações do Uruguai durante a Fase 2

  O grafo da Figura 6 mostra que as informações sobre o Uruguai adquirem maior relevância na fase que começa em agosto de 2018 e vai até fevereiro de 2019, período da campanha eleitoral e eleição de Jair Bolsonaro. Nesta fase, são 117 participantes da página envolvidas em trocas relacionadas a informações sobre a vida no território uruguaio, com 281 trocas (arestas) entre elas, o que demonstra ainda um aumento na participação individual. A intensidade de trocas está relacionada com o que elas consideram ameaça à existência das mulheres.

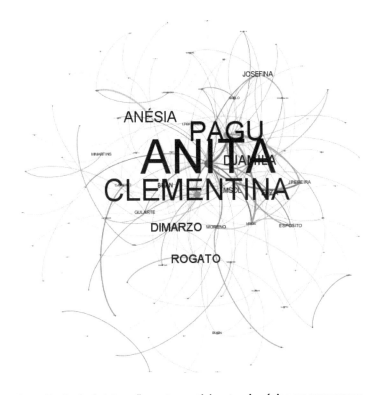

Figura 7 – Grafo de interações entre participantes da página em mensagens contendo informações sobre o Uruguai na Fase 3

Rede de interações em mensagens que têm como tema informações do Uruguai durante a Fase 3

Nesta fase, o número de participantes das interações diminui para 93 (nós), com 173 ligações entre elas, representando um aumento na participação individual, mesmo que pequeno. Novas protagonistas se destacam. Como indica o grafo da Figura 7, as trocas neste período em que Bolsonaro exerce o primeiro ano de mandato têm como característica tratar de questões práticas para quem está de mudança.

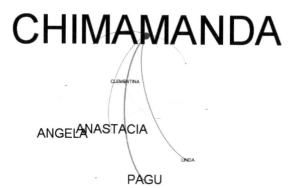

Figura 8 – Grafo de interações entre participantes da página em mensagens contendo informações sobre o Uruguai na Fase 4

Rede de interações em mensagens que têm como tema informações do Uruguai durante a Fase 4

Com a pandemia disseminada em todo o mundo, as trocas relacionadas a informações sobre o Uruguai reduzem-se significativamente, com apenas 12 pessoas participando das conversas, com apenas 12 ligações (arestas) entre elas, como se observa no grafo da Figura 8.

Observar a rede de interações permite ver os atores que mais se dedicam às trocas de mensagens abordando informações diversas sobre o Uruguai, o tema predominante na rede, e, ainda, o que melhor caracteriza o ambiente de sororidade do grupo. O recorte com estas interações nas quatro fases distintas se justifica pela relevância do tema nas conversas e permite verificar quem se destaca em cada período e quais informações são as mais buscadas no momento.

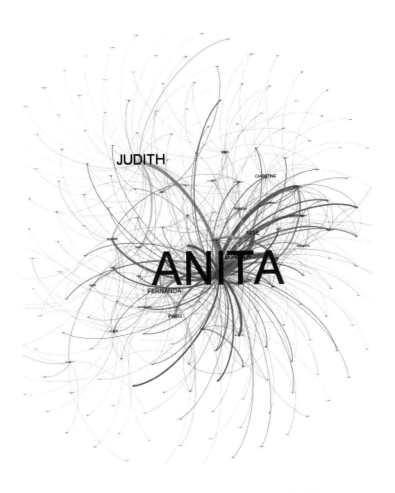

Figura 9 – Grafo de interações entre participantes da página em mensagens com tema Gênero

Rede de interações em mensagens com tema Gênero

A intensidade das relações tendo como tema gênero pode ser medida pelos números do grafo da Figura 9. São 198 mulheres envolvidas nas conversas, com 466 interações (arestas) entre elas, o que dá uma média de mais de duas interações por participante.

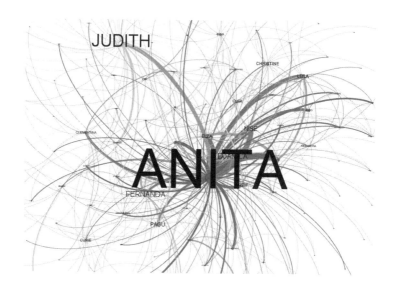

Figura 10 – Detalhe do grafo de interações entre participantes da página em mensagens com tema Gênero

Ao se nomear feminista, o grupo aponta o tema "gênero" como preponderante, e por isso é importante verificar quais são as principais protagonistas desta discussão. No detalhe, mostrado na Figura 10, podemos verificar o protagonismo de algumas das participantes, entre elas Anita, administradora do grupo, e Judith, que exerce forte papel de ligação com outros grupos feministas, dos quais traz convocações para atos e reuniões, dentre outras coisas.

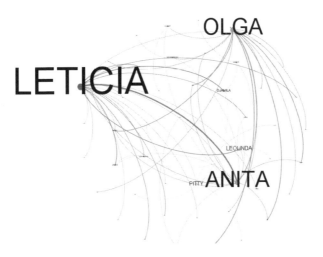

Figura 11 – Grafo de interações envolvendo agenda de eventos

Rede de interações em mensagens envolvendo agenda de eventos

Boa parte dos eventos divulgados no grupo são relacionados a mobilizações ou propostas de encontros, especialmente presenciais, o protagonismo nesta categoria aponta para o exercício do papel de coordenador no grupo. Identificamos no grafo da Figura 11, ainda, duas participantes que atuam com produção de eventos como espetáculos musicais, feiras e outros encontros. No total, são 50 participantes (nós) das interações envolvendo agendamento de eventos, com 67 ligações entre elas.

O resultado desta análise da rede foi apresentado no dia 3 de novembro de 2020 em aula da disciplina CIC[50] com

---

50. CIC é uma disciplina voltada para a gestão da Comunicação e da Informação em redes em ambientes digitais, oferecida a alunos de todos os cursos da UnB. A apresentação teve por objetivo mostrar a aplicação da metodologia de Análise de Redes Sociais.

a participação de algumas mulheres do grupo – todas foram convidadas pelas duas redes que usam para se comunicar, o Facebook e o WhatsApp. Os relatos no encontro foram de encantamento ao se verem nos resultados. Uma das integrantes do grupo, professora de espanhol, que pôde assistir apenas à gravação[51], mandou mensagem que resumiu o que outras disseram:

> Chorei, chorei de emoção, é muito lindo. Manas, ao ler os dados, os temas, confirmar que nosso grupo de resistência, contra bozo em 2018, em março 2020 com a pandemia muda para de apoio, de contenção, de trabalhos e serviços, de ajudar uma a outra, lindo, somos amorosas, irmãs, queridas, nos preocupamos da outra. Sério chorei, é muito lindo!!![52]

A proposta inicial desta pesquisa previa que, de forma complementar à análise dos dados das trocas de mensagens, fosse aplicado um questionário[53] para buscar refinar, ou elucidar, o que foi encontrado. O questionário seria elaborado em encontros presenciais, apenas com as

---

51. As intregrantes do grupo receberam o link para o vídeo gravado em aula, que continua disponível.

52. Enviado por WhatsApp em novembro de 2020.

53. Este conjunto metodológico foi tratado em artigo apresentado na Espanha. MARQUES, Marcia; LOPES, Marianna Soares Chaves; JESUS, Marcelo Souza. *Comunicação na universidade: metametodologia para entender uma rede complexa. In*: VII Seminário Hispano-Brasileiro de Pesquisa em Informação, Documentação e Sociedade, Madri/Murcia, 12 a 15 de novembro de 2018. https://seminariohispano-brasileiro.org.es/ocs/index.php/viishb/viishbucm/paper/view/430.

interessadas em ajudar a aprofundar as informações sobre as feministas. O que elas gostariam de saber sobre o conjunto ali reunido? Com a pandemia, esta etapa foi feita por meio virtual. O convite para a participação foi enviado a todas em 30 de novembro, por meio do WhatsApp e do Facebook. Exceto pelo "conte conosco", em geral usado como estímulo às companheiras, não houve contribuição. O questionário[54] foi aplicado em 7 de dezembro e ficou aberto até 13 de dezembro e lembrava que a pandemia havia desmobilizado o grupo. Apenas 11 mulheres participaram respondendo com informações organizadas em três conjuntos: 1) dados demográficos – que dizem respeito ao ser social; 2) de competência em Comunicação, Informação e Computação – referentes aos saberes para se relacionar em rede, especialmente para o uso da informação; e 3) de associação (dados adjuntos) – que buscam compreender o que as feministas desta rede querem, podem e sabem fazer juntas. Para observar a interação, as respostas foram apresentadas como publicações na linha do tempo às integrantes do grupo de forma espaçada entre os dias 21 e 28 de dezembro.

Do ponto de vista quantitativo, a contribuição do resultado do questionário é mínima, mas oferece algumas informações complementares para análise de objeto complexo e em permanente mudança, que é uma rede. Algumas respostas confirmam inferências sobre o alto grau de competências e habilidades para lidar com a Comunicação, a Informação e a Computação no processo de troca de

---

54. Foi utilizado o Formulário Google, uma ferramenta gratuita, ainda que seja software proprietário. https://forms.gle/QPPaf6G6qMuyLTrH9.

mensagens e informações no grupo do Facebook. O grupo respondente, de maioria graduada e pós-graduada, sabe buscar informação científica em repositórios e publicações digitais especializadas, mostra alto grau de competência para identificar notícias falsas, a partir da análise das fontes de informação. A maioria busca notícias em telejornais de TV aberta e links do Instagram, mantém forte ligação com o Brasil e com a América Latina, como se pode observar na Figura 12.

Figura 12 – Em quais veículos leem notícias

Os diálogos analisados nestes 26 meses mostram mulheres bem informadas sobre o que se passa no Brasil em temas como política e gênero, centrais nas razões que as levam a pensar em migrar. Parte das mulheres, indicam as trocas de mensagens, são também bem informadas sobre América Latina, especialmente Uruguai, Chile e Argentina, no que diz respeito aos mesmos assuntos. Quando perguntadas sobre temas de interesse a tratar no grupo, como se vê na Figura 13, Feminismo é unanimidade, seguido de vida no Uruguai, trabalho, prestação de serviços, política e saúde, que se refletem também nas trocas de mensagens do grupo.

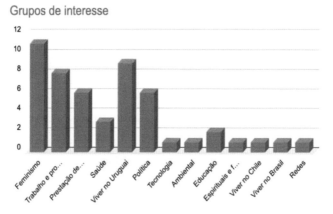

Figura 13 – Grupos temáticos de interesse

Estes dados das pesquisas aplicadas se somaram à vivência, ainda que curta, com algumas das integrantes do grupo em Montevidéu, o que incluiu a reunião – quando este não era o segmento escolhido como objeto/sujeito de pesquisa – preparatória para o 8 de março de 2020 no hostel Montevideo Chic. Também foi mantida a participação nos grupos de WhatsApp e Facebook, ali identificada como parceira e como pesquisadora. Para descrever o encontro no tópico "4. Um vírus", foram solicitadas contribuições das que ali estiveram, pois, como dito anteriormente, o grupo não era visto como possibilidade de pesquisa. Os depoimentos que algumas delas enviaram serviram para complementar o que estava retido na memória da pesquisadora, que, no exercício do Jornalismo, antes de chegar à UnB, trabalhou principalmente como repórter.

Alguns apuntes

Ainda que de modo majoritariamente remoto, observar o grupo de mulheres que migrou, ou deseja migrar, para o Uruguai permitiu fazer alguns apontamentos. Decidir pela mudança para fugir da violência de um relacionamento, ou para apostar em um novo amor é um modo de assumir a posse exclusiva do próprio corpo, que pode se aventurar em outra geografia. Nos diálogos francos entre elas, falam em direitos elementares, como o de poder caminhar livremente pelas ruas; buscam a segurança em outras mulheres que se encontram na mesma situação de violência: psicológica, física, social. Ao fugirem de uma ordem que oprime, enfrentam a desordem do desconhecido, que é apenas uma nova ordem.

Por ser um grupo de ajuda a sobreviver em – ou conhecer – uma terra estrangeira, os diálogos não comportaram discordâncias. Por conhecer uma parte dessas pessoas, no entanto, foi possível saber de desacordos e dissidências entre algumas das mulheres que no período analisado tiveram maior destaque nas conversas. Estas questões foram resolvidas, ou não, fora do grupo. A gestão de grupos destas plataformas e aplicativos para interações em rede, vale dizer, segue o sistema de regras draconianas e de poder hierarquizado de vida e morte que estas plataformas impõem. São as regras que seguem a sistemática do Zero e Um da computação, que resulta no Sim ou Não, no *Trend* por exaltação, ou no cancelamento.

A REFLEXÃO QUE VEM DA PRÁTICA

1. MULHERES NAS REDES: LAÇOS COMO ESTRATÉGIA DE SOBREVIVÊNCIA

> *E de nada lhes adianta queixarem-se aos oficiais do Reino, nem ao bispo ou aos frades, porque no mínimo lhes farão ouvidos moucos, e, se calhar, antes as preferirão despidas para nelas satisfazer sua luxúria do que vestidas e guardadas na inocência.*
> Maria Valéria Rezende[55]

Pela observação na prática, é possível dizer que, intuitivamente, a mulher mantém ligação com diferentes redes que a ajudam a transitar em uma sociedade hostil ao gênero feminino[56]. Talvez a relação umbilical para gerar outro ser torne os vínculos em rede algo tão natural. Talvez a necessidade de ajuda mútua – para proteger os filhos, para se proteger da violência, para ter apoio enquanto trabalha. Se partirmos da ideia do elo primordial que existe entre mãe e filho no ventre,

---

55. Texto tachado como no original, pois a narradora "censura" os trechos em que fala sobre como os poderosos preferiam os corpos das religiosas encerradas em conventos por famílias abastadas, mulheres abandonadas por crimes como engravidar e que empobreciam até não terem o que vestir. REZENDE, Maria Valéria. *Carta à rainha louca*. São Paulo: Alfaguara, 2019.

56. Uma sociedade hostil a todo gênero que considere ameaça ao modelo heteronormativo do poder masculino.

por exemplo, podemos considerar que ali está a matriz de uma rede: dois seres ligados pelo cordão umbilical. Um elo físico, que depois se transforma em outros: afetivos, legais, sociais. Se aproximarmos o olhar para o pequeno ser que está em gestação, veremos que ele é a multiplicação celular de dois outros seres e ali também se multiplicam as histórias familiares, as semelhanças com parentes, os antepassados.

O médico, quando investiga a saúde de uma paciente gestante, em geral pergunta sobre as doenças de pai, mãe, irmãs, irmãos, avós, a rede genética ancestral denominada família "de sangue". Podemos considerar que a vida é fruto de miríades de redes que se entrelaçam no universo. Na união do óvulo e do espermatozoide, em que ambos deixam de ser singulares para ganhar nova conformação singular, inicia-se o processo da multiplicação de células em que começa a se constituir uma nova ordem; grupinhos semelhantes viram pele, ossos, pelos e, organizadamente, tornam-se um novo ser. Para acompanhar esse desenvolvimento humano na sociedade, há uma rede de saúde – médicos, enfermeiras, parteiras, equipamentos, medicamentos – para saber se o desenvolvimento está nos conformes. No caso do Brasil, esta rede é o SUS criado a partir de movimentos sociais organizados, incluindo os que envolviam profissionais de saúde pública nos anos 1980. Esta estrutura foi inscrita na Constituição de 1988 e orienta a rede da vida que envolve um sistema de saúde universal.

Mesmo na sociedade patriarcal em que vivemos, a mulher desempenha um papel central. O homem – provedor – delega a ela a função de manter a coesão da família. Cabe à "rainha do lar" agregar os laços de afetos. A sociedade mudou muito desde a Segunda Guerra Mundial; a mulher teve que ir à luta no trabalho, em boa parte dos lares é a chefe da família, mas o papel que o imaginário continua a impor-lhe é este, o da mulher que usa sua rede para manter a célula da sociedade capitalista funcionando em defesa do patriarcalismo e do patrimônio. No tempo presente, as mulheres têm buscado sair desta armadilha de "rainha" escrava. A palavra que tem marcado esta mudança é sororidade, a rede que une as mulheres pelo afeto e pela irmandade, essencial para mudar a realidade feminina.

A pesquisa latino-americana de gênero[57] – que reflete, em boa medida, práticas de coletivos feministas em ações de defesa de políticas públicas – traz importante contribuição às questões que envolvem o feminismo em sua diversidade, apontando a matriz colonial do patriarcalismo como essencial para compreender as múltiplas estruturas que se entrelaçam e interseccionam e que resultam na brutal desigualdade de gênero, com a inferiorização de mulheres negras e indígenas. Há muitas malhas tecidas pelas diferenças entre as mulheres: classe, etnia, raça, sexualidade, geopolítica. Também fazem parte deste processo as questões que envolvem a divisão internacional do trabalho, o crescimento de políticas de destruição de direitos sociais elementares, como educação, saúde, moradia e trabalho.

---

57. Este artigo, orientado por Delia Dutra, traz um panorama dos estudos de gênero na América Latina. A interseccionalidade, referenciada nos contextos, é metodologia pertinente para analisar as redes complexas no recorte de gênero. MACHADO, Débora; COSTA, Maria Luisa Walter; DUTRA, Delia. Outras epistemologias para os estudos de gênero: feminismos, interseccionalidade e divisão sexual do trabalho em debate a partir da América Latina. *Revista de Estudos e Pesquisas sobre as Américas*, v. 12, n. 3, 2018. https://periodicos.unb.br/index.php/repam/article/view/20997/19336.

SAIR DO INSTINTIVO E ENTENDER O QUE É REDE

Quando se fala em rede social, pensa-se inicialmente no fator humano, mas ela é mais do que isso. As pessoas podem se encontrar pessoalmente. Também podem enviar cartas, objetos. Podem ainda manter contato por meio de equipamentos, sistemas e programas em ambientes digitais. Na teoria[58], dizemos que a rede é formada por um conjunto de atores – humanos ou não – que se relacionam de alguma forma, em um ambiente digital[59] ou não, num contexto social. Tanto pode ser a rede elétrica, com cabos que saem de grandes estações e se distribuem até a energia chegar nas casas, fábricas etc., quanto a rede de telefonia, que permite que as pessoas conversem sem importar em que lugar do planeta estão.

Um grupo de militantes feministas conforma uma rede; a seção feminista de um partido, idem. Quando se unem a militantes feministas numa frente pluripartidária, para organizar manifestações no 8 de março, ali está uma nova rede. O grupo LGBTQIA+ de um partido, o próprio partido político, é uma rede. Estas redes não são feitas apenas pelas pessoas; há as regras que orientam as relações destas pessoas, os equipamentos e sistemas usados na troca de documentos, por exemplo.

---

58. Nos anos 1980, o antropólogo, sociólogo e filósofo da ciência Bruno Latour desenvolveu a teoria do ator-rede, a partir de pesquisa em que relacionou laboratórios e pesquisadores.

59. Ambiente digital pode ser definido como qualquer espaço de acesso mediado pela tecnologia digital, em que as pessoas interagem: e-mail, mídias digitais, o caixa eletrônico, o caixa do supermercado que identifica o cliente preferencial ao digitar o CPF, por exemplo.

Entre estas redes, transitam outras, como as governamentais – de assistência, de saúde, de educação – também denominadas redes sociotécnicas, por contar com apoio/participação de técnicos de instituições. Há, claro, a rede formada pelos aparatos tecnológicos, por programas e aplicativos, por redes de energia e cabos de transmissão que entremeiam nossas relações de forma quase invisível. As redes podem se organizar em territórios – cidadãos e cidadãs de um município, estudantes e professores em uma escola – e se caracterizar pela heterogeneidade. As mulheres em um partido político formam uma rede temática, que é um outro modo de se agrupar, ainda que as pessoas não ocupem o mesmo território geográfico. Em geral, as redes temáticas são mais homogêneas, mas é preciso compreender que mesmo nesse caso as redes se caracterizam pela diversidade. Lésbicas não têm necessariamente as mesmas necessidades de mulheres heterossexuais, mulheres negras, de mulheres velhas, mulheres trans ou de mães, por exemplo. Ainda que todas tenham suas particularidades existenciais, há identidades que se costuram pela sororidade: como a proteção contra a violência que mulheres sofrem pelo fato de serem mulheres.

Quando pensamos em rede, devemos levar em conta que ninguém age isoladamente, porque sempre nos ligamos a alguém por alguma razão. Obrigatoriamente, toda pessoa precisa ter registro de nascimento, e isto a liga a outras pessoas que nasceram no mesmo país e esta ligação também se dá porque há um conjunto de leis que orienta como deve agir quem nasce naquele território nacional. Estas leis são modificadas de acordo com as novas configurações da sociedade, que muda constantemente. Quando as mulheres propõem que sejam executadas políticas públicas que envolvam trabalho e emprego; legislação que comporte o fim da violência de gênero; educação inclusiva; saúde que respeite o direito da mulher ao próprio corpo e à decisão sobre reprodução, aborto; e que facilitem a criação de instâncias de participação social feminina, elas buscam interferir nas regras atuais, que ainda refletem um mundo de dominação machista e patrimonialista.

Outras características das redes: mudam permanentemente, estão sempre em movimento, se organizam em agrupamentos e possuem alguns atores que centralizam o fluxo de informação de grupos com alguma hierarquia nesta relação. Fundações partidárias como a João Mangabeira, do PSB, ou a Perseu Abramo, do PT, no papel previsto em lei de dar formação política aos filiados e às filiadas dos partidos, são centralizadoras de fluxos de informação. Ao se unirem em torno de um partido político socialista, por exemplo, as mulheres buscam se fortalecer para enfrentar a complexidade do mundo em que vivem, e em geral, nestas instituições, agrupam-se em secretarias ou outas instâncias para tratar exclusivamente da questão de gênero. Redes feministas também são uma forma de orientar fluxos de informação. É importante ressaltar que o que caracteriza uma rede é a troca. Neste sentido, estas instituições se tornam *hubs*, que é o nome deste fenômeno, quando os integrantes desta rede também a alimentam de informações, tornando mais rico o acervo de documentos e experiências deste coletivo.

A COMPOSIÇÃO DA REDE

Na rede[60], o ator – humano/não humano, híbrido – pode estar em qualquer lugar e em movimento, é diverso e tem muitas vozes. Quando se observa a rede, o que se vê é sempre uma fotografia, um conjunto de sinais, de indícios do ser coletivo, em constante mudança, que nasce, cresce e morre. O ideal é que a rede que pretende atuar colaborativamente se observe como ser coletivo, conheça suas características, semelhanças, particularidades etc. Neste processo, é preciso compreender os diferentes tipos de atores nas redes: seres humanos; as coisas, como livros, documentos e equipamentos, inclusive os que usamos para acessar a internet; as pessoas jurídicas e/ou institucionais, como partidos políticos, organizações não governamentais, instituições de governo, empresas; as ideias, referências bibliográficas, links para informações necessárias; e os outros seres, como animais, vermes, vírus. Cada nó da rede é único. As pessoas, por exemplo, não são iguais, desempenham papéis diferentes, têm capacidades diversas e ligam-se a outras em relações que também são variadas.

Em geral desenhadas como linhas contínuas que unem os nós e conformam o que se denomina rede, as arestas, que indicam as relações entre atores, têm que ser vistas em sua multiplicidade e complexidade. Estes laços, como também se denominam, são relações simbólicas (de afetos, estatutos e normas, ideias) espontâneas ou programadas, humanas ou não. São materializadas em documentos de

---

60. As informações específicas sobre redes estão detalhadas no texto "3. Um léxico para conversar sobre redes".

diferentes tipos, conteúdos, formatos e suportes. Laços podem ser direcionados, bidirecionados; podem ser fracos ou fortes; podem ser densos.

SOCIEDADE COMPLEXA

A vida social nada mais é do que uma imensa rede complexa, humana e não humana. As pessoas, que são atores centrais nesta rede, reúnem-se em torno de interesses comuns: familiaridade, segurança, intimidade, amizade, proximidade geográfica, temas de interesse, trabalho, cultura, etnia. A lista sempre pode ser ampliada. Alguns grupos são tão próximos que todos se comunicam com todos, formando o que se denomina cliques, panelinhas. Neste tipo de rede, costumam circular sempre as mesmas informações. Os laços entre os atores dos cliques são fortes e indicam que há confiança e comprometimento de todos, bem como é clara a definição de responsabilidades. Os cliques, em geral, são formados por pessoas de grupos tão coesos que compartilham um vocabulário restrito.

Além de organizar-se em aglomerações, ou *clusters*, como se diz nos estudos deste campo, as redes também se caracterizam por criar zonas de concentração de fluxos de relações. Os *hubs* são esses pólos de atração de atores exatamente por serem nós dotados de um número extraordinariamente grande de links e conexões. Este comportamento de concentração de atores em torno de *hubs*, como indicam pesquisas realizadas desde os anos 1990, é comum às redes complexas, sejam elas humanas, celulares, de transmissão de energia ou computacionais. A existência de *hubs* indica que não há igualdade na rede, que há atores que são mais acessados, procurados e visitados que outros. E a existência dos links é o que fortalece o *hub* em relação a outros tipos de atores. Quando se usam as *hashtags* (#) na frente de palavras, por exemplo, busca-se que ela concentre fluxo de informação para uma determinada mídia e impulsione o crescimento de pessoas ligadas àquele assunto em torno da tal mídia. As plataformas, por concentrarem fluxos planetários de informação, promovem ainda mais a desigualdade das redes.

Uma terceira característica comum às redes complexas, os mundos pequenos, é intuitivamente usada pelas mulheres quando precisam de ajuda, ou resolver algum problema, enfim. A partir da sororidade, as mulheres usam muito as ligações com outras mulheres para enfrentar as diferentes formas de violência de gênero. Uma irmã que conhece outra mana, e outra, até chegar a quem possa ajudar: a assistente social que orienta como receber um benefício, a amiga que tem uma amiga que sabe de um emprego.

Além de identificar e conhecer os atores e suas ligações, é necessário compreender os fatores que também intermedeiam as relações quando se dão em ambiente digital. Este relacionamento mediado pela convergência das tecnologias possibilita conjugar de forma criativa modos de expressão em texto, áudio, audiovisual e imagem. Há ainda, nesta ação transversal, a operação do pensamento computacional, materializada no algoritmo e na web semântica. Esta sobreposição de fatores se dá com características imbricadas: interatividade, hipertextualidade, hipermidiação, hiperatualização, mobilidade, ubiquidade, multivocalidade e hibridismo[61].

---

61. Este tema é tratado no texto "3. Um léxico para conversar sobre redes", ao final desta publicação.

AS GRANDES PLATAFORMAS

O contexto das democracias liberais atuais alimenta o paradoxo entre a igualdade política formal e profundas desigualdades sociais, em que a exclusão digital é um dos reflexos. Estas desigualdades também são permeadas pela tecnologia. Mais especificamente, são estruturadas a partir de um discurso gestado no Vale do Silício, a região que vendeu a ideia, ou o mito, de que a tecnologia era fruto do livre pensar de jovens talentosos reunidos em garagens familiares. Há um complexo industrial em torno do Vale do Silício, que torna necessário observar as minúcias econômicas e geopolíticas[62], o papel preponderante que ele tem na arquitetura fluida e em constante evolução do capitalismo global. Para os que se agrupam em torno do Vale do Silício – localizado na parte sul da região da Baía de São Francisco, na Califórnia, Estados Unidos, que abriga muitas *startups* e empresas globais de tecnologia, como Apple, Meta (dona do Facebook) e Alphabet (dona do Google) – há uma visão – neoliberal – de que as pessoas, com seus recursos, podem produzir bens de modo altruísta e fora do âmbito do mercado e que, portanto, não há necessidade de financiar bens públicos, como conhecimento e cultura, pois a coletividade faz de graça ou se financia via "vaquinhas" virtuais (o *crowdfunding*). Outra marca do Vale do Silício é a defesa da "livre circulação de dados" em tratados internacionais, um eufemismo para a livre circulação do capital.

A tecnologia, como está estruturada, forma uma cerca invisível de monitoramento, capaz de registrar todos os movimentos, inclusive faciais, que servem para tudo: "prevenir"

---

62. MOROZOV, Evgeny. *Big Tech*. São Paulo: Ubu, 2018.

crimes, avaliar os alunos de ensino a distância, oferecer coisas que as pessoas nem imaginam que precisam. Para isto, usam os dados trocados em serviços e aplicativos "gratuitos", e esses dados são muito rentáveis para os que vivem dessa "economia compartilhada". A partir desta concentração de informação, a privacidade passa a também ter um valor econômico – seja pela aquisição de espaço digital, seja pela necessidade de contratação de um especialista no tema, seja para aprender a usá-las. Esta visão tecnológica vende a ideia simplista de que a análise dos dados é capaz de resolver os problemas do mundo e de dar respostas seguras para as pessoas. Nesta ideologia tecnoutópica do Vale do Silício, não há mais luta de classes, a união do Big Data[63] com os algoritmos salvou a todos. A Inteligência Artificial, tão importante para o desenvolvimento humano, também esbarra na complexidade da vida social: um robô que identifica, a partir do que aprendeu pelo armazenamento dos dados de milhões de imagens, todo ser humano na cozinha como sendo "mulher", porque as imagens que alimentaram o senso matemático dessa "máquina inteligente" são majoritariamente de mulheres na cozinha, reflexo de uma sociedade machista.

A tecnologia é imprescindível, mas é preciso organizar as relações e atacar esta forma indevida de apropriação dos dados dos indivíduos, bem como a manipulação, também indevida, desses dados, por meio de algoritmos que regulam nossa vida. Neste sentido, é preciso reintroduzir a política

---

63. O Big Data é como se denomina a análise e a interpretação de grandes volumes de dados que não estão estruturados e que têm grande variedade de categorias.

e a economia no debate, pois aplicativos não combatem a pobreza, nem o feminicídio, nem as mentiras travestidas de notícias mal escritas e nem a discriminação racial. As mulheres, ao utilizarem redes mediadas e inserirem as discussões com as marcas de *hashtags*, por exemplo, estão fazendo política, utilizando-se dos ambientes cibernéticos para movimentar as equações algorítmicas a favor das lutas feministas. Mas as mulheres ainda são raras nos ambientes que programam as mediações tecnológicas. Além disso, os valores da democracia não cabem em uma fórmula e são difíceis de quantificar. A premissa básica da democracia está em garantir o direito de discordar, de debater, e na busca por arranjos possíveis.

Com o permanente crescimento das bases de dados, quando se coloca a Inteligência Artificial no centro da discussão, o que se promete é a perfeição fruto da racionalidade, simplificada em aplicativos – alimentados por algoritmos que se refazem pelo contexto da web semântica – que resolvem todos os problemas. As relações humanas são complexas, a computação, a partir das fórmulas elaboradas em diversas combinações de zero e um (de sim e não), representa a simplificação de momentos, que nos ajudam a sobreviver no mundo complexo. Os computadores não têm a capacidade humana de narrar a realidade a partir de um ponto de vista histórico e ideológico. A política baseada em inteligência artificial é a política de gerenciar efeitos. Um buraco na rua pode ser identificado via aplicativo, mas a política sobre as ruas sem buraco é fruto dos acordos da sociedade, com, por exemplo, a escolha dos representantes políticos e a definição de prioridades coletivas. Buracos nas ruas da periferia e ruas sem buracos em bairros abastados talvez sirvam para entender que a questão não está assentada em uma tecnologia "neutra".

Esta lógica da "economia do compartilhamento" se resume a uma troca básica: para usufruir da gratuidade de programas, aplicativos e informações, as pessoas precisam, apenas, deixar seus dados disponíveis. Esses dados são usados e a vida dos sujeitos passa a ser moldada a partir deles. É um instrumento de dominação. Quem se beneficia? Principalmente as plataformas "gratuitas", extrativistas de dados que transformam essas informações em moedas de troca, a partir de acordos com empresas de telefonia, prefeituras, serviços disfarçados de inclusão digital. São monopólios impulsionados pelos efeitos em rede. Uber, Airbnb e Amazon são plataformas/aplicativos que, pela intermediação de serviços eletrônicos, tornaram precárias as relações trabalhistas em todo o mundo.

As plataformas digitais produziram um estado de bem-estar privatizado. Parte de nossas atividades cotidianas são subsidiadas por grandes empresas financeiras e de tecnologia em troca de nossos dados. O fundo que banca a Uber, por exemplo, é formado pelo governo da Arábia Saudita e pelo Goldman Sachs. Na prática, podemos considerar que há cinco grandes plataformas no mundo ocidental: Apple, Microsoft, Google, Facebook e Amazon. A China também tem plataformas gigantes como Baidu, Huawei, WeChat, Alibaba, praticamente espelhos das ocidentais, que atualmente oferecem seus serviços para além do mercado asiático. A Coreia do Sul também tem plataformas próprias para as trocas nas redes sociais. As *startups* – apontadas como modelos de negócios do futuro – desenvolvem aplicações e aplicativos com interesse em serem engolidas pelas grandes plataformas, em troca de polpudas remunerações, que funcionam, obviamente, como pagamento pelos dados dos usuários ali reunidos. Estas plataformas são os imensos *hubs* da internet e precisam de fluxo contínuo e rápido das informações – mesmo as falsas – pois ganham dinheiro com isso ("o rico fica mais rico", observa Barabási no livro em que investigou como funcionam as ligações – *Linked*[64] – na rede). No segundo ano da pandemia, houve crescimento das plataformas de *streaming* de áudio e vídeo, com empresas como Spotify e Netflix, às quais têm se juntado empresas tradicionalmente reconhecidas como gigantes das indústrias culturais ligadas ao modelo de comunicação de massas, como Disney, Paramount e HBO Max. No Brasil, a principal representante deste movimento é a Globo Play.

Cabe ressaltar outro ator importante neste processo; a nuvem, que armazena dados e informações de bilhões de pessoas, empresas e instituições do planeta. Onde ela fica? Em imensos armazéns/computadores, em sua maioria localizados em território estadunidense, com máquinas capazes de guardar grande volume de dados. A territorialidade também determina a jurisdição legal. Ali, em espaço conjugado, também fica a NSA, a agência de segurança dos Estados Unidos, que acumula dados para vigiar as pessoas e permitir ao governo promover o controle da população a partir

---

64. As pesquisas do físico húngaro-americano se dão em torno da teoria de redes. BARÁBASI, Albert-laszlo. *Linked*: a nova ciência dos networks. São Paulo: Leopardo, 2009, v. 131.

de uma estrutura de vigilância gigantesca e sigilosa[65]. Em 2013, ao digitar as palavras mochila e panela de pressão para resolver dois problemas domésticos, nos Estados Unidos, uma pessoa teve a casa invadida pelos órgãos de segurança, pois as duas palavras-chave haviam sido elevadas à condição de "vigiadas" por conta de um atentado ocorrido em Boston, em uma corrida de rua, dias antes.

---

65. ASSANGE, Julian. *Cypherpunks*: liberdade e o futuro da internet. São Paulo: Boitempo, 2015.

2. ENSINAR/APRENDER (N)A COMPLEXIDADE DAS REDES

Nós nos servimos de nossa estrutura de pensamento para pensar. Será preciso também nos servirmos de nosso pensamento para repensar nossa estrutura de pensamento. Nosso pensamento deve retornar à sua fonte em forma de circuito interrogativo e crítico.

Edgar Morin[66]

MAPA MENTAL

Há três conjuntos de ideias e conceitos a serem observados no processo de ensino/aprendizagem nas, e para as, redes. O primeiro diz respeito às questões que envolvem a relação ordem/desordem/organização/desorganização, feito a partir de um aprofundamento na literatura de Morin; o segundo refere-se à observação de uma tríade específica, que envolve atores, relações e sistemas de sistemas; o terceiro, também uma tríade, é a relação transdisciplinar de Comunicação, Informação e Computação (CIC), que compõe um campo híbrido, a base

---

66. MORIN, Edgar. *O método*: a natureza da natureza. Porto Alegre: Sulina, 2003. p. 35. Este é o primeiro de seis volumes da coleção em que Morin estrutura e aprofunda os conceitos que envolvem a teoria da complexidade, base desta reflexão sobre o aprender/ensinar (n)as redes complexas. Esta teoria foi enunciada por Edgard Morin nos anos 1960, quando mergulhou nos estudos de teoria da informação, cibernética, teoria dos sistemas e do conceito de auto-organização.

para lidar com a complexidade dos vínculos que se formam nas redes sociais mediadas por aparatos tecnológicos e sistemas computacionais. O terceiro conjunto, além de Morin, se orienta por Paulo Freire, no que diz respeito a ensinar/aprender para a autonomia. Esta experimentação transdisciplinar – com a oferta de disciplina que envolve professores, pesquisadores e estudantes dos três campos – vem sendo feita na Faculdade de Comunicação da UnB e em parceria com a Fiocruz Brasília desde 2013[67].

O CAMINHO DA COMPLEXIDADE

De origem do grego *méthodos*, com o significado de via (vulgo caminho), a palavra método ganha o sentido de investigação científica no século XVI, definida como "ordem que se segue na investigação da verdade, no estudo de uma ciência ou para alcançar um fim determinado"[68]. Na ciência, durante muito tempo, esta verdade se pautou por encontrar a ordem

---

67. GERLIN, Meri Nadia Marques. *Competência em informação e narrativa numa sociedade conectada por redes.* 2018. https://repositorio.unb.br/handle/10482/32703. O livro tem capítulo produzido coletivamente sobre esta experiência, ainda em andamento, que implica tratar de repositórios, plataformas, acesso aberto, letramento para o acesso/entendimento da complexidade de lidar com a informação e a comunicação em rede. O CeDoc, o laboratório transdisciplinar de pesquisa de gestão da memória e da informação da FAC, é o ambiente em que se dá esta experiência/tentativa de transdisciplinaridade. Além deste capítulo, foram produzidos artigos e pesquisas, ligadas ao grupo de pesquisa Jornalismo e Memória na Comunicação. Ver: dgp.cnpq.br/dgp/espelhogrupo/7822877112645602.

68. CUNHA, Antônio Geraldo da. *Dicionário Etimológico Nova Fronteira da Língua Portuguesa.* Rio de Janeiro: Nova Fronteira, 1982. p. 517.

que orientava o universo. No senso comum, ainda hoje se busca a resposta única, certa, para todas as coisas, a orientação em um caminho sem descaminhos. Busca-se a solução mágica, a pedra filosofal, enfim.

No *Dicionário Analógico da Língua Portuguesa*[69], "método" encontra-se em duas classes de palavras: as de relações abstratas, referindo-se à ordem, e as do intelecto/entendimento, no que diz respeito à comunicação das ideias. No guarda-chuva da ordem, onde também se encontra a "incomplexidade", o método é arrolado com palavras como subordinação, rotina, disciplina, alinhamento, economia, direção, arranjo; nas mesmas relações abstratas de ordem, encontra-se a palavra método no conjunto que diz respeito à ordem categórica, à regularidade, normalidade, harmonia, rigorosidade – muito relacionados com a ciência – e com os termos rotina, uso, costume, chavão – mais ligados à vida comum. Quando alinhado ao conjunto de conceitos de intelecto/entendimento, na comunicação das ideias, método diz respeito a metodologia, disciplina, pedagogia e didática.

Observando o conjunto de ideias afins em torno de método no livro do professor Francisco Azevedo, é possível perceber as múltiplas facetas que o termo enfeixa. Observar redes complexas implica seguir o caminho que mescla metodologias e, mais do que isso, se assume transdisciplinar e multivocal. É preciso

---

69. AZEVEDO, Francisco Ferreira dos Santos. *Dicionário Analógico da Língua Portuguesa*: ideias afins. Brasília: Coordenada/Thesaurus, 1983 (ordem, p. 28; regra/regularidade, p. 36; ensino, p. 264). Este *thesaurus* foi elaborado nos anos 1930, fruto do trabalho solitário do professor de inglês e, depois, geografia, astronomia, mecânica e matemática do Lyceu da cidade de Goyaz (então capital do estado de Goiás), organizando as palavras e ideias afins pelo campo semântico.

compreender a dimensão que a palavra-problema[70] complexidade possui para lidarmos (negociarmos, dialogarmos) com o real. Complexidade é desafio: por incluir a possibilidade de pensar através das complicações, das incertezas e das contradições; por comportar a imperfeição e a incompletude; por abarcar a dialogia, e a dialética, entre ordem/desordem/organização; por incluir a simplificação, sem reduzir o real ou generalizá-lo.

Pensar em redes implica compreender a natureza complexa dessa estrutura. É partir do micro, das partículas que compõem o átomo e seguir por vias que se entrelaçam e se separam para chegar à célula, ao vírus, ao humano, à sociedade humana, ao planeta Terra, ao cosmos. No aspecto da sociedade humana, cabe levar em conta que há uma estrutura de rede dominante – a do sistema capitalista – capilarizada em todo o planeta, por sistemas de trocas, estruturada em acordos, leis, normas, costumes, que se define por relações de exploração e de dominação, e que se desenha de acordo com seus interesses em nossa malha social.

O Estado organizado dá a falsa ideia de estabilidade nas relações diversas da sociedade e procura reforçar a sensação de segurança que essas relações "estáveis" proporcionam. As leis buscam apaziguar as relações conflituosas na rede social humana. Elas são, grosso modo, o pacto a partir das diferenças em determinada correlação de forças e de contexto histórico-social. Muitas normas surgem a partir da desordem provocada por movimentos sociais, desorganizando o estabelecido.

---

70. MORIN, Edgar. *Introdução ao pensamento complexo*. Porto Alegre: Sulina, 2011.

As revoluções são momentos de desordem e de desorganização que resultam em nova ordem, em novas formas de organização. A Revolução Francesa gerou novas ordens e pactos sociais que afetam a humanidade – e o planeta – até os dias atuais. Quando descrita por Émile Zola, em *Germinal*, a *revolução industrial*, que forjou o mundo moderno, é mostrada como alimentadora da miséria e desorganização da vida social dos trabalhadores que cumpriam jornadas estafantes, em condições insalubres. É a organização dos trabalhadores – que se constituiu via redes formadas pelas Internacionais comunistas[71] – que desorganiza o modelo burguês e redesenha as relações de trabalho. O acordo que regulamentou a jornada de oito horas diárias (40 horas semanais) foi fruto de negociações com divergências e antagonismos. Os acordos trabalhistas vêm se diluindo no planeta – no Brasil, de maneira acentuada a partir de 2016. A desregulamentação tem sido brutal, ampliou a informalidade e gerou desemprego em massa. Há um reordenamento em que a correlação de forças organizadas (e sustentáveis) é desfavorável aos trabalhadores. A tecnologia também tem contribuído para este processo de desorganização social, ao produzir a ordem simplificadora e facilitadora do algoritmo como a panaceia universal, a maravilha curativa.

Na sociedade humana, esta relação ordem/desordem também se reflete na definição das normas gerais de

---

71. A primeira organização comunista transnacional foi criada em 1864, sob a liderança de Karl Marx, a Associação Internacional dos Trabalhadores (AIT), integrada por organizações operárias de diversos países europeus.

convivência social. Os direitos[72] estão nesta malha de normas. Elaborada por representantes de diferentes origens jurídicas e culturais de todas as regiões do mundo, a Declaração Universal dos Direitos Humanos foi proclamada pela Assembleia Geral das Nações Unidas em Paris, em 10 de dezembro de 1948, como uma norma comum a ser alcançada por todos os povos e nações. Ela estabeleceu, pela primeira vez, a proteção universal dos direitos humanos e representou a proposta de uma nova ordem para um planeta que juntava cacos no período pós- -Segunda Guerra Mundial. Este pacto definiu um conjunto de direitos humanos: civis, políticos, econômicos, sociais. Entre eles está o artigo 19[73], que diz respeito especificamente ao direito à informação e à comunicação.

Podemos considerar a existência de três classes de direitos humanos: (1) os civis e políticos; (2) os econômicos, sociais e culturais; e (3) os coletivos ou de solidariedade. Os direitos civis e políticos são os patrimonialistas, surgem vinculados às revoluções burguesas e por muitos são considerados como direitos

---

72. Vários autores tratam do assunto dos direitos e a rede; aqui são indicados dois trabahos. LÓPEZ, P. L.; SAMEK, T. Inclusão digital: um novo direito humano. *In*: *Alfabetização informacional e inclusão digital*: modelo de infoinclusão social. Brasília: Thesaurus editora, 2011. O espanhol e o americano fazem, neste capítulo uma digressão sobre o surgimento dos direitos e sua relação com a internet. MAGRANI, Eduardo. *Entre dados e robôs: ética e privacidade na era da hiperconectividade*. Porto Alegre: Arquipélago, 2019. Este autor trabalha especialmente com tecnologia e propriedade intelectual.

73. Artigo 19: Todo o indivíduo tem direito à liberdade de opinião e de expressão, o que implica o direito de não ser inquietado pelas suas opiniões e o de procurar, receber e difundir, sem consideração de fronteiras, informações e ideias por qualquer meio de expressão. Acessível em: https://www. ohchr.org/EN/UDHR/Pages/Language.aspx?LangID=por.

que se sobrepõem aos demais. A segunda classe de direitos nasce da luta do movimento do proletariado, e diz respeito às garantias de direitos econômicos, sociais e culturais; são os direitos a uma vida digna e que transbordam o Estado liberal.

A terceira classe de direitos, em construção a partir dos anos 1980, diz respeito aos direitos coletivos, requerem uma nova forma de Estado e provêm das reivindicações dos cidadãos, das transformações tecnológicas e dos novos conhecimentos científicos com aplicação em diversos campos da vida humana. Esses direitos não constavam da declaração de 1948 e vêm sendo pactuados ao longo do tempo: ao desenvolvimento (1986), à diversidade cultural (2001), dos povos indígenas (2007), que podem ser distinguidos em três conjuntos: (1) os relativos à proteção ao ecossistema e ao patrimônio da humanidade; (2) relativos ao novo estatuto jurídico sobre a vida humana; e (3) os decorrentes das novas tecnologias da comunicação e da informação, dos quais derivam os direitos à comunicação e à informação completa e verdadeira; de acesso à informação relevante para a humanidade; à informação genética; à livre comunicação de ideias, pensamentos e opiniões; de acesso aos meios técnicos de comunicação pública; à autodeterminação informativa; à proteção de dados de caráter pessoal e familiar. À rede mediada pela tecnologia e pela lógica computacional estão relacionados os direitos informáticos: a conhecer a identidade do emissor de informação e opiniões; à vida privada na rede, à honra e à própria imagem; à propriedade intelectual e industrial na rede. No caso dos direitos humanos, a ordem pactuada e a ordem necessária carecem de existência prática – os movimentos de extrema-direita mostram a fragilidade para a garantia do que teoricamente foi pacificado pela declaração de 1948. Aprender/ensinar na rede, pois, parte da compreensão desta complexidade de direitos que envolvem as identidades étnicas, de gênero e de todas as minorias que compõem a diversidade da rede humana, como integrante do planeta.

Na organização do Estado democrático, a Justiça cumpre, pelos estatutos em vigor, o papel de resolver as questões em que haja algum tipo de cisão, de conflito. Há um senso comum distribuído pelas redes de educação, de comunicação e de informação que leva a crer que a Justiça – cega, para não diferenciar os que são julgados – provê o equilíbrio do direito, ou, como se diz na linguagem popular, "pau que bate em Chico, bate em Francisco", uma simplificação que oculta as diferenças e desigualdades, que oculta as injustiças perpetradas no Judiciário[74] em todo o planeta. Esta redução do papel do Estado e a generalização das relações sociais que escondem as diferenças geram uma visão distorcida de cidadania, relacionada a ufanismos e superioridades em relação ao diferente. Esta simplificação não permite compreender o papel do Estado, nem como funciona o Estado, como ente responsável por gerir os contratos pactuados pelas ordenações legais.

---

74. No campo político, há casos de *lawfare* por toda a América Latina – que atingiram, e algumas destituíram, presidentes como Dilma Roussef (Brasil) e Evo Morales (Bolívia), depostos, e Cristina Kirchner, que sofre perseguição com apoio do Judiciário de seu país. Em Londres, a Justiça britânica tem cedido, em suas decisões, às pressões do governo dos Estados Unidos, no julgamento do jornalista australiano Julian Assange, que denunciou – com o vazamento de documentos oficiais – ações ilegais cometidas pelos Estados Unidos em outros países. Jornalistas brasileiros, de esquerda, têm denunciado sofrer *lawfare*.

Este paradigma simplificador ainda domina a estrutura de pensamento de nossa sociedade. Ele está presente em casa, na escola, no trabalho, na política. Intermediada pela computação, nossa vida cotidiana está inundada pela linguagem que sintetiza a complexidade em opções de zero ou um. A partir de um mapa mental com listas organizadas e ordens – com opções binárias de respostas – organiza-se o mapa conceitual que vai permitir criar a fórmula do algoritmo orientador do funcionamento de algum aplicativo, que, ao fim e ao cabo, ficará resumido a um ícone na tela do celular. Acelerada pela web semântica, a linguagem algorítmica entrou em nossa vida diária e tem afetado o comportamento das pessoas. Em 2020, as mídias de redes assumiram ares de tribunal, em que um indivíduo (também pode ser um fato, uma ideia) é unanimemente elevado à categoria *trending topic* modelo, ou é cancelado[75] pelo conjunto de avatares que habitam este coliseu de dedos favoráveis ou condenadores. Esta postura de

---

75. Na primeira semana de junho de 2020, a escritora J.K. Rowling, autora da saga Harry Potter, tentou fazer um comentário feminista e fez uma declaração considerada transfóbica. Em geral ocupante dos *trending topics* elogiosos quando se manifesta, recebeu uma furiosa resposta das redes, especialmente dos fã-clubes espalhados pelo mundo, propondo que ela fosse "cancelada", o que significa que todos deveriam deixar de segui-la. No mês de novembro de 2021, a escritora não foi convidada para as celebrações dos 20 anos do lançamento do primeiro filme da série do herói bruxo. A cultura do cancelamento atinge também quem não usa as plataformas de redes, como o motorista de caminhão fotografado no que foi considerado um gesto de quem defende a supremacia branca, nos Estados Unidos. A imagem, com o nome do empregador, foi para os trending topics de cancelamento, e o trabalhador, que tem o hábito de estralar os dedos de um modo estranho que se assemelha ao gesto racista, foi demitido do primeiro emprego com carteira assinada da vida.

tribunal do sim ou do não é fruto da visão simplificadora e se contrapõe à ideia utópica de que a internet representaria uma ágora global, para decisões políticas coletivas.

Com o objetivo de tornar mais "simples" o processo de ensino/aprendizagem, a formação docente ainda se dá em uma cultura de homogeneização do conhecimento, o que se reproduz em sala de aula. A questão é que este processo é multiplicador: quem aprende, aprende o conteúdo, aprende a aprender e aprende a ensinar. Este aprendizado se estrutura – dentre outras coisas – em torno do conhecimento formal como preveem as ementas das disciplinas, com a observação das atitudes docentes, com a troca informal entre estudantes e outros indivíduos que povoam o campus universitário. O conhecimento simplificador é binário: ou reduz a realidade a recortes homogêneos, ou separa os saberes e guarda em compartimentos que dificultam a mescla dos saberes nesses encontros. São redução e disjunção, os dois tipos de operações lógicas do paradigma da simplificação.

Aqui, um parêntesis. No campo da Educação, a pandemia provocou a implantação de um modelo de ensino – o remoto – mais intensamente mediado por tecnologias digitais. Este caminho híbrido entre o presencial e o mediado pelo digital mostrava-se – e é – inexorável, mas, como tudo em rede, os atores envolvidos nesta mudança – estudantes, professores e servidores – receberam preparo desigual para lidar com a nova realidade, o que tem se refletido nas aulas remotas feitas às pressas. As tecnologias ainda não são acessíveis, nem estão completamente desenvolvidas, para garantir acesso híbrido e igualitário. Não dá para transportar o modelo desenvolvido em sala de aula para o ambiente digital, não dá para prescindir da sala de aula, não dá para ignorar que há necessidade de novos saberes para ensinar/ aprender. Neste novo patamar, é essencial sair do modelo de caixinhas/disciplinas e buscar soluções pactuadas e híbridas. Vale para a educação formal, para a educação popular, para os processos informais de ensino/aprendizagem.

Voltando à questão da simplificação. Ela isola/oculta as relações (que são a substância de qualquer sistema) com o ambiente, com outros sistemas, com o tempo, com o observador/conceituador. A simplificação dissolve a organização e o sistema. A vida não se resume ao alfabeto do código genético; ao mesmo tempo, a descoberta deste alfabeto, se observada em sua complexidade, trouxe mudanças significativas para as ciências da saúde, por exemplo. O sequenciamento do genoma humano, concluído em fevereiro de 2001, foi fruto do trabalho de redes transnacionais de laboratórios de pesquisa, Brasil incluído. Esta é a característica da investigação científica; ela é feita coletivamente. A tecnologia digital facilitou o entrelaçamento de redes de pesquisadores de todas as regiões do planeta e favoreceu chegar a um estágio avançado de pesquisas para a produção de vacina, em escala global, para a imunização contra a covid-19. Claro, como tudo que é complexo, a hegemonia do capital também conta no desenvolvimento, e financiamento, de muitas dessas investigações. Neste jogo, a questão de patentes ocupa espaço central no tabuleiro de vacinação do planeta; um país que consegue imunizar sua população não pode ficar tranquilo enquanto houver países sem cobertura vacinal, no caso de pandemias como a do coronavírus.

DA ORDEM AO CAOS, DO CAOS À ORDEM

O universo é feito de movimentos de ordem e desordem, que se coproduzem: por interação, por transformação e por organização. É um processo dialógico, que se dá no nível dos princípios, o que não exclui a dialética, que se dá no nível dos fenômenos[76]. A questão da diversidade na luta política é dialógica e na prática está a dialética da vida sob o Capital[77] em uma sociedade humana diversa. A relação ordem/desordem é ao mesmo tempo singular, complementar, concorrente, antagonista. O fogo, por exemplo, pode ser a gênese da catástrofe em um incêndio na lavoura, pode ser técnica preventiva na criação de aceiros e também ser um gerador de ordem e organizador do que é movido por energia quente, das estrelas às máquinas. O transporte movido a energia elétrica (limpa, segundo os conceitos ambientais) move veículos que utilizam o nióbio como elemento-chave. O minério, cuja exploração provoca danos ambientais, foi a causa do golpe de 2018 na Bolívia, detentora das maiores reservas do mineral conhecidas no planeta.

---

76. A discussão que contrapõe questões identitárias e luta de classes, por exemplo, é uma incompreensão de que são questões que se encontram em malhas diferentes, que se entrelaçam e que muitas vezes se explicam, se chocam, se encaixam.

77. O Capital desenha boa parte das relações da rede humana no e com o planeta. As formas de organização deste sistema global sugam as energias da Terra (em sentido figurado e físico). Esta exploração desenfreada produz resultados que afetam a ordem/desordem do Universo. Algumas já aparecem no noticiário cotidiano: deslocamento do eixo da Terra, as mudanças radicais do clima, as pandemias, as pragas.

De maneira ambígua, a desordem é, ao mesmo tempo, degeneradora e geradora da ordem. A ideia de desordem[78] está associada com: despesa, desperdício, desequilíbrio, acentrismo, policentrismo, desigualdade, agitação, turbulência, encontro aleatório, ruptura, catástrofe, flutuação, instabilidade, desequilíbrio, difusão, dispersão, retroação positiva, explosão, acaso, acontecimento, acidente. Estes termos podem ser usados para relações em um motor, no átomo, ou entre pessoas nas ruas dos Estados Unidos protestando pelo assassinato de mais um negro por policiais. Na ponta da desorganização, o desmonte do que havia de Estado provedor de políticas públicas para o bem-estar social[79]. Na Europa, o enfraquecimento dos serviços de saúde, levado a cabo por anos de políticas neoliberais, foi terreno fértil para a expansão da covid-19 e da alta mortalidade da doença. As notícias sobre a pandemia em todo o planeta indicam que as relações humanas têm sido impactadas por novas formas de organização no que diz respeito ao trabalho. Mas desde 2008/2009 vêm se acentuando os ataques às leis que dão suporte aos direitos dos trabalhadores em geral e dos trabalhadores que são também minorias – mulheres ganham menos que os homens, homens negros ganham menos que homens brancos, mulheres negras e indígenas ganham menos que mulheres brancas.

A pandemia alterou as relações no planeta e, no caso da espécie humana, tem resultado em novas formas de

---

78. Estes tipos são apresentados por Morin em sua literatura sobre a Teoria da Complexidade (citados anteriormente).

79. Sobre este assunto, é interessante ler a produção de Erik Olin Wright, citado anteriormente.

organização e também de extrema desorganização. Para enfrentar o coronavírus ainda no início da pandemia, em 2020, na favela de Paraisópolis, na cidade de São Paulo, mulheres lideraram a reorganização das relações dos locais, com a escolha de "presidentes de ruas" com a função de reportar a situação dos moradores sob sua responsabilidade, bem como de orientar e de prover os vulneráveis de alimentos e cuidados. A ação em Paraisópolis impactou a redução da taxa de mortos naquela região sanitária[80], que é formada também por uma área de moradores de alta renda, cujos resultados foram piores. Em 2021, uma rede de favelas se formou para reduzir os danos da doença, que em março deste mesmo ano ceifou a vida de mais de 300 mil pessoas no Brasil. A rede passou a produzir máscaras, para doar a trabalhadores e trabalhadoras destas regiões.

A pandemia levou a espécie humana ao risco de extinção[81], pois, ao contrário de catástrofes, que extinguiriam indiscriminadamente todas as formas de vida, como a explosão de uma bomba nuclear ou a queda de um asteroide, as pandemias virais atingem especificamente os seres humanos. Em 2021, notícias esparsas davam conta que o vírus poderia ser transmitido pelo

---

80. Dados foram identificados em pesquisa do Instituto Pólis, Organização da Sociedade Civil que trata do Direito à Cidade. https://polis.org.br.

81. SILVA, André Felipe Cândido da; LOPES, Gabriel. A pandemia de novo coronavírus e o Antropoceno. https://www.arca.fiocruz.br/bitstream/ icict/40825/2/A%20pandemia%20de%20novo%20coronav%C3% ADrus%20e%20o%20Antropoceno.pdf. No artigo, os autores entendem que a espécie humana deve compreender que é capaz de construir relações de coexistência com as demais espécies com quem compartilha a biosfera, consciente de que integra esta rede de interdependência mútua e de que é capaz de construir padrões que garantam a manutenção da vida como um todo em nosso planeta.

sêmen, pelo leite materno; há registro de transmissão vertical, da mãe para o bebê, ainda no útero. Sob ameaça do vírus, sem a existência de uma vacina, o abraço não pode mais ser dado sem algum receio, o sorriso se oculta atrás da máscara, o beijo está proibido, humanos devem manter pelo menos dois metros de distância de outros humanos. A mediação da tecnologia tornou-se essencial – para conversas e até mesmo para a reprodução de nossa espécie. Mas qual o reflexo disso em uma sociedade tão desigual? Como ensinar/aprender (n)esse contexto? Como lidar com redes negacionistas quando as vacinas estão disponíveis? Como obrigar os Estados a tornarem a vacina um bem universal e gratuito?

Organização e desorganização

A organização é uma ilhota de improbabilidade no caos e envolve uma tríade: o **todo**, o **singular** e as **relações** possíveis entre ambos. O todo comporta a diferença, a diversidade e a individualidade e abarca a riqueza de particularidades que emergem dessas diferenças, diversidades e individualidades em permanente relação neste todo. As partes que compõem o todo são ao mesmo tempo o singular (cada elemento do todo) e o múltiplo (formado de singularidades coletivas, de conjuntos e subconjuntos, grupos e subgrupos, que se constituem neste todo pelas mais diversas razões). Um todo é parte de outro todo – o universo é um sistema de sistemas de sistemas. A rede, observada na perspectiva de um sistema, integra ou se interliga a outros sistemas. As mídias digitais aceleraram e ampliaram as possibilidades dessas integrações, intersecções, interligações e interações, desde a ligação mínima de um para um, à exponencial improvável de todos para todos.

O que era visto como elemento simples pela antiga física, hoje é compreendido como organização. O átomo foi considerado o elemento mais simples até as pesquisas mostrarem que se tratava de um sistema de partículas em interações mútuas, que se relacionam. Átomo, molécula, astro, vida, sociedade são sistemas. O sistema é uma unidade global organizada de inter-relações de atores – sejam eles elementos, acontecimentos, ações ou indivíduos diversos – é um todo que se transforma ao mesmo tempo que esses atores se transformam neste processo dialógico. Na espécie humana, o diálogo se dá em contexto que envolve a ética e serve à problematização da realidade concreta para melhor compreendê-la, explicá-la e transformá-la[82].

O termo organização é utilizado com várias acepções, interligadas: é o ato ou efeito de organizar, o modo pelo qual um sistema se organiza, uma associação com objetivos comuns delineados/acordados, o estabelecimento de bases para o planejamento. Podemos definir organização, ainda, como o encadeamento de relações entre atores (humanos ou não), o que produz uma unidade complexa, dotada de qualidades desconhecidas quando observadas individualmente. Esta unidade complexa é que dá a duração ao sistema, mesmo que haja perturbações aleatórias. A organização é estrutural quando envolve um conjunto de regras, e é geradora quando é ação que produz a forma organizada com seu conjunto de regras. A organização é passível de ser observada e mantém qualidade e constância de formas mesmo com as cisões que

---

82. FREIRE, Paulo. *Extensão ou comunicação?* 10. Ed. Rio de Janeiro: Paz e Terra, 1992.

carrega internamente. Transmutar a diversidade desordenada em diversidade organizada é um modo de dar ordem à desordem. A ordem organizacional é uma ordem relativa, frágil e perecível, ao mesmo tempo em que é evolutiva e construtiva. A organização reúne – liga, forma, transforma, mantém, estrutura, ordena, fecha, abre – organicamente um sistema.

É nas relações entre o todo e as partes que o sistema se organiza e/ou se desorganiza. Servem como força de atração na constituição de um sistema organizado: as interações, as ligações, as associações/combinações de atividades complementares, as comunicações informacionais. As interações são ações recíprocas que mudam o comportamento ou natureza dos atores envolvidos. As interações supõem elementos que podem se encontrar e a condição do encontro desses atores também obedece às determinações/imposições da natureza de cada ator e se tornam inter-relações, de onde deriva a organização. Entre as cisões, as forças degenerativas que geram outras organizações, estão a exclusão, a repulsão e a dissociação, que inibem, controlam, virtualizam. Em todo sistema, desde a célula, há relações de servidão, coerção e restrição, que são fruto da especialização e hierarquia que são da natureza organizacional dos sistemas. No caso humano, estas relações devem ser pensadas na perspectiva da liberdade e da ética da vida em sociedade.

A organização sempre está à mercê da desorganização. O antagonismo dentro de uma organização é um potencial desorganizador e desintegrador. O crescimento da complexidade em uma organização também tem esta potencialidade. O aumento da desorganização é medido pela entropia. A partir das partes, o sistema traz em si – imersas e/ou emergentes – as cisões que o desorganizam e que são as fontes de conflito e separações. Em todo sistema estão imersos e/ou emergentes os buracos negros, ofuscações, zonas de sombra, rupturas. O mesmo ocorre com os sistemas em rede.

As notícias falsas são elementos desagregadores que provocam o crescimento da entropia na estrutura de informação da sociedade. Elas ganharam dimensão global a partir da campanha no plebiscito do Brexit, e das eleições de Donald Trump (Estados Unidos) e de Jair Bolsonaro (Brasil), sustentadas por modelos que incluem o uso de robôs para sua disseminação[83], um jogo complexo que continua em pleno funcionamento e que vem sendo bastante explorado em pesquisas de diversos campos do conhecimento em instituições de todo o planeta. O tema, aliás, é extremamente caro aos campos da Comunicação, da Informação e da Computação; em geral com esses campos de conhecimento dissociados, em todos eles é possível encontrar pesquisas que buscam ao menos reduzir os efeitos da disseminação em massa de mentiras produzidas industrialmente que geram efeitos políticos de dimensões globais. O caos informacional provoca um estremecimento das relações estabelecidas e não necessariamente resultará em criação de uma nova forma, mais democrática, de controle da mentira. Muitas medidas de combate às *fake news* são autoritárias e podem afetar o direito à informação e à liberdade de expressão.

Os estudos quantitativos que têm por base a estatística, especialmente a Análise de Redes Sociais[84], conseguiram

---

83. MARQUES, Márcia;. ROCHA, Rosângela Vieira. Fraude e eleições: o caso das Fake news. Revista Gueto. https://gueto.files.wordpress.com/2019/01/gueto_politica_01.pdf.

84. Análise de Redes Sociais (ARS) é uma metodologia estatística de observação das redes por meio de grafos que permitem visualizar as relações entre atores.

identificar comportamentos que se repetem em todas as redes. Um deles diz respeito à organização de diferentes tipos de atores cm arquipélagos, ou formando bolhas de interesses de pessoas em qualquer mídia digital de redes, ou agrupando células que conformam um órgão, ou reunindo estrelas em um determinado sistema no Cosmos. Outro diz respeito à formação de *hubs*. No período hegemônico da comunicação de massas, são grandes corporações que respondem pela emissão de informação, pela oferta de entretenimento[85]. A comunicação nas redes tem um novo desenho, que envolve o surgimento de *hubs* mais concentrados ainda, as plataformas privadas, mediadoras de relações em ambientes digitais, apropriadoras de dados que por ali transitam[86].

AS TRÍADES E AS REDES

Voltemos o olhar às características das redes. As relações entre atores têm particular importância em Análise de

---

85. No Brasil, seis famílias detêm o monopólio da Comunicação, com propriedades cruzadas, o que é vedado pela Constituição de 1988, mas nunca regulamentado.

86. MARQUES, Márcia. Cultura da informação e da comunicação para a democracia em rede. Observatório da Democracia. https://observatoriodademocracia.org.br/2019/02/15/cultura-da-informacao-e-da-comunicacao-para-a-democracia-em-rede/. Este artigo traz a discussão sobre o papel das plataformas a partir da perspectiva de MOROZOV, E. *Big Tech*: a ascensão dos dados e a morte da política. São Paulo: Ubu, 2018. Neste ensaio do Observatório da Democracia não houve inclusão das plataformas brasileiras, UOL e G1.

Redes Sociais[87], por permitir encontrar particularidades e constâncias nas relações das redes. Os agrupamentos de três elementos são redes coesas, em que todos se relacionam com todos, e objeto particular em ARS. O estudo desse tipo de relação, aliás, vem desde a Antiguidade clássica; ao tratar da linguagem, Platão observa o signo – o nome, a ideia do nome e a coisa que o nome é – em sua relação triádica. Não podemos esquecer que, observados individualmente, os elementos que compõem a tríade também são complexos.

O todo, o singular, as relações

O sistema, como observou Ianni[88], é uma característica de articulação do mundo na pós-modernidade, pode ser observado como um **todo** trinitário, que representa a unidade da complexidade, e que une as partes por meio das relações entre essas partes. É o conceito complexo de base, que não se pode reduzir às unidades elementares, a conceito simples, a leis gerais. O sistema comporta e integra sistemas. Cabe ressaltar que a vida, o ser e a existência envolvem a noção de sistema, mas não se resumem a ele, pois o ultrapassam. Olhar a vida como sistema significa olhar o esqueleto. Ajuda a compreender, mas não é suficiente. A vida não se dissolve no sistema. A

---

87. WASSERMAN, S.; FAUST, K. *Social Network Analysis*: Methods and Applications. New York: Cambridge University Press, 1994. Os autores têm estudo bem descritivo das questões que envolvem a análise de redes como metodologia estatística.

88. IANNI, Octavio. O príncipe eletrônico. *Revista Cuestiones Constitucionales*, n. 4, p. 3-25, 2001. Neste texto, Ianni observa as redes antes do surgimento das plataformas que criaram grandes aglomerações de fluxos de trocas nos meios digitais. Podemos categorizar sistema em: sistema, subsistema, suprassistema, ecossistema, metassistema.

rede é viva, observá-la apenas como sistema é insuficiente, porque se reduzirá esta observação apenas a um recorte do emaranhado. Fazer o recorte é parte do processo de observação, claro, pois é necessário para compreender a rede.

As plataformas mediadoras nos processos de comunicação e na lida com a informação, por exemplo, criam sistemas nas relações com seus usuários, como observam Néstor García Canclini e Evgeny Morozov, citados anteriormente. Por "permitir" a aproximação de atores comuns com celebridades, políticos, autoridades, artistas, dentre outros, a interação nas redes acabou por levar ao pensamento simplista de que o espaço cibernético é o lugar de materialização da ciberutopia, onde é possível resolver as questões diretamente, sempre com um aplicativo solucionador à mão. Este, na verdade, é um não lugar, pois não leva em conta a ação de trolls e bots, por exemplo, que com mentiras têm o domínio de importante território de trocas e de construção de sentido nessas redes.

Precisamos inserir em nosso aprendizado cotidiano a compreensão de que somos parte do todo. Que o todo, por ser complexo, sempre é, ao mesmo tempo, mais do que a soma das partes que o compõem, menos do que a soma dessas partes e diferente desta soma. A parte, no todo, também é mais do que apenas uma parte. Uma bordadeira, sozinha com seu bordado, borda as particularidades de uma cultura coletiva: desde o uso de agulha, da técnica de ponto à escolha de temática, uso de tecido, e a utilidade – ou não – da peça; e borda seu bordado individual e único, singular.

O SINGULAR só pode existir quando relacionado com outro singular. Esta relação complexa com o outro é ao mesmo tempo complementar, concorrente, antagônica; comporta diversidade, relatividade, alteridade, incertezas, ambiguidades, dualidades, cisões, antagonismos. Os atores (humanos ou não) olhados em sua unicidade, são a parte individualizada do todo. Este uno, que é complexo na sua individualidade, se organiza em unos coletivos, formando díades, tríades, grupos, subgrupos, subsistemas, sistemas, sistemas de sistemas, cada conjunto deste podendo ser visto como um singular com particularidades que ressaltam no coletivo.

Para Adelmo Genro Filho[89], a organização da escrita da notícia, que é o gênero mais imediato da produção jornalística, é feita a partir da identificação da singularidade da informação a ser narrada e a apresentação das particularidades que ela contém. A prática jornalística, que se consuma numa tríade de apuração, seleção e apresentação, é mais do que fórmula de produção – como a estrutura funcionalista de construção do lide em uma notícia, que precisa responder às questões: quem fez o quê, como, quando, onde e por quê (sem inserir a questão "quanto", que tanto impacta a vida no planeta).

As redes se formam no fluxo de relações entre atores: são as pessoas, as pessoas jurídicas, as coisas, os outros seres vivos. O ator humano é complexo e pode ser olhado a partir de uma perspectiva também trinitária: como indivíduo, como espécie e como sociedade. O sujeito singular que observa o mundo – e esta realidade é mais acentuada para quem pesquisa – tem seu mundo particular, tem certezas/incertezas a partir desta perspectiva e deve se perguntar: o

---

89. Pesquisador que propôs a estruturação de uma teoria marxista do jornalismo, apresentada no livro: GENRO FILHO, Adelmo. *O segredo da pirâmide*: para uma teoria marxista do jornalismo. Porto Alegre: Tchê, 1987. http://www.adelmo.com.br/index1.htm.

que somos neste mundo? De onde observamos? Como concebemos/descrevemos o mundo observado?[90]

A rede de uma instituição de ensino interliga atores que desempenham diferentes papéis. Professores, servidores e estudantes são atores-pessoas, cumprem papéis institucionais e mantêm entre si relações normatizadas. Estas relações ordenadas são o fio condutor da vida coletiva, que vai além do que preveem os estatutos normativos. As normas, os equipamentos, os programas de circulação de informação oficial na rede interna da instituição, a burocracia, são atores-coisas. O diretor, o coordenador, o chefe de departamento são os atores pessoas jurídicas, representam um CNPJ, que lhes dá maior poder e responsabilidade no conjunto da rede. Não podemos esquecer outros atores importantes no campus, como livrarias, papelarias, lanchonetes. Os gatos espalhados pelos jardins do espaço de aprendizagem são atores que podem representar perigo à saúde ou servir de apoio ao acolhimento e troca de afetos. O vírus foi um ator que desorganizou este espaço consolidado da educação.

AS RELAÇÕES conformam o sistema, são vínculo, filiação, ligação, elo, cadeia, laço, conexão. Neste campo entram a dialogia, a dialética, os afetos, as normas, a ordem e a desordem que integram este processo. Para Freire, os indivíduos são seres de

---

90. RIVERA CUSICANQUI, Silvia. El potencial epistemológico y teórico de la historia oral: de la lógica instrumental a la descolonización de la historia. *Temas Sociales*, n. 11, p. 49-64, 1987. Silvia Cusicanqui tem extensa literatura em que trata da questão da perspectiva eurocêntrica que domina a pesquisa na América Latina, a partir de seus trabalhos em torno do conhecimento dos povos originários na Bolívia. Ela critica o descarte do conhecimento dos indivíduos observados em comunidades indígenas, que exclui a perspectiva histórica e de cosmogonia desses povos.

relações, não só de contato. Elas podem ser pessoais, impessoais, corpóreas, incorpóreas. Quando pensamos em relações, muitas vezes reduzimos este conceito a algo específico à humanidade. As questões que envolvem a organização – que é fruto dessas relações – estão presentes no universo e não estão centradas nos humanos. Os nêutrons, por exemplo, atuam para neutralizar as repulsões elétricas e manter o sistema do átomo funcionando.

As relações dizem respeito à rede de questões que envolvem de maneira particular o ensino da Comunicação[91]. No caso do ensino do Jornalismo, como formar jovens capazes de desenvolver um trabalho que contemple a complexidade, em tempos de internet das coisas, de algoritmos capazes de produzir lides a partir da mineração em bases de dados? Como lidar com a contradição de uma profissão que tem por objetivo simplificar o contar uma história que sempre é complexa? Como lidar com a incerteza, que é a característica da pós-modernidade? Qual perspectiva de formação para esses jovens estarem preparados para um mercado de trabalho desregulamentado e ao mesmo tempo engessado pelos projetos editoriais das empresas e viciados na "segurança" das declarações entre aspas? A UnB, como herança da estrutura pioneira de Darcy Ribeiro e Anísio Teixeira[92], permite a aproximação

---

91. Não está restrito a cursos de Comunicação. Para estruturar um novo pensamento na Educação, os temas de comunicação (também relativos a Informação e Computação) deveriam ser parte da formação de professores, educadores populares, dentre outros.

92. A universidade surgiu como projeto para a criação de um modelo de pesquisa brasileiro, com a contratação dos principais intelectuais e pesquisadores para formar o primeiro corpo docente. Inaugurada em 1962, teve o projeto desfigurado a partir do golpe de 1964. Ainda assim, muitas das ideias de Darcy Ribeiro e Anísio Teixeira resistiram, como o espírito da mobilidade interna.

de estudantes de diferentes áreas em disciplinas comuns. No entanto, a malha interna dessa mobilidade – aluno de Nutrição cursa disciplina de Introdução à Comunicação, por exemplo – não se desenha em resultados coletivos, uma vez que as caixinhas disciplinares continuam a reger o processo de ensino/aprendizagem na universidade. Na prática, a universidade acaba dissociando o tripé Ensino, Pesquisa e Extensão que a define, como prevê a Constituição[93] em vigor, deixando separado o que deveria estar junto.

As formas de expressão utilizadas nas e pelas plataformas também se inserem no contexto das relações em rede. Nossa forma de lidar com o outro depende do algoritmo, da web semântica e do conceito de *AnimaVerbiVocoVisualidade*[94] (também conhecido pela sigla AV3), que é fruto da convergência das tecnologias. Os aparatos tecnológicos, programas, aplicações e aplicativos

---

93. Art. 207. As universidades gozam de autonomia didático-científica, administrativa e de gestão financeira e patrimonial, e obedecerão ao princípio de indissociabilidade entre ensino, pesquisa e extensão.
§ 2º O disposto neste artigo aplica-se às instituições de pesquisa científica e tecnológica. https://www.senado.leg.br/atividade/const/con1988/con1988_18.02.2016/art_207_.asp.

94. "AnimaVerbiVocoVisualidade" é conceito criado pelo pesquisador e poeta Antonio Miranda, ex-diretor da Biblioteca Nacional de Brasília, que tomou por referência a denominação que os concretistas davam aos poemas visuais que produziam: a verbivocovisualidade. Trabalha este conceito com Elmira Simeão, a partir da proposta da Comunicação Extensiva. MIRANDA, Antonio; SIMEÃO, Elmira. Da Comunicação Extensiva ao hibridismo da Animaverbivocovisualidade (AV3). *Mundo Digital*, 2014. O livro aprofunda o conceito criado, que tomou por referência a denominação dada pelos concretistas em poemas visuais que produziam: a verbivocovisualidade.

possibilitam conjugar, como modos de expressão, a interatividade, a hipertextualidade, a hipermidiação, a hiperatualização, a mobilidade, a ubiquidade, a multivocalidade e o hibridismo, que discutiremos na próxima seção, denominada "3. Um léxico para conversar sobre redes".

O fator tempo

O tempo é elemento intrínseco às relações entre atores no sistema. Pode significar degradação, o tempo que se foi e que se esvai; progresso, o tempo do futuro, da evolução biológica, das expectativas humanas, das perspectivas sociais, o que ficou em suspenso por conta da pandemia; e os tempos repetitivos: das reiterações, repetições, ciclos, recomeços; que são alimentados e/ou contaminados pelo tempo presente, o tempo irreversível que é o tempo factual. O tempo tem dimensões distintas: o tempo físico, com os horários da Terra, os fusos (o que torna o tempo presente relativo ao lugar onde se está); o tempo mediado pela computação e aparatos tecnológicos síncrono/assíncrono (ao vivo com interação, ao vivo reproduzido sem edições, tempo de quem envia, tempo de quem recebe – não é diferente da comunicação de massas nos formatos de envio de um para muitos e também é diferente por conta da possibilidade de interconexão de pessoas no planeta); o tempo sensorial (de olhar os passados histórico/pré-histórico, pessoal – o eu, os antepassados, os descendentes, outras relações pessoais); o tempo presente (a sensação do hoje, década, século, milênio); a perspectiva de futuro.

Há ainda os vícios que a teia do capital – apoiada em instituições, organizações, normas, leis etc. – criou em relação ao tempo humano. Há que se registrar a luta pelo direito ao tempo de vida na pauta dos trabalhadores, por oito horas de trabalho, oito horas de lazer e oito horas de descanso. As horas de lazer e descanso (não há direito ao ócio, no mundo do trabalho) são devoradas pelo trabalho doméstico, cuidado de filhos e velhos, da saúde, de questões legais e inclui o trânsito de casa para o trabalho. O câmbio para o teletrabalho (*home office*) alterou a percepção temporal das pessoas[95]. Há o tempo da própria pandemia, sem as pausas de fim de semana[96] experimentadas por alguns grupos; há os tempos das séries em torvelinhos.

A DOR E A DELÍCIA DE SER TRANS

Ensinar/aprender no contexto da complexidade implica sair das caixinhas especializadas, sem abandoná-las, para enfrentar as incertezas que o conhecimento comporta. Desde 2015, quando ainda éramos doutorandos/as e recém--doutores/as no Programa de Pós-Graduação da Ciência da Informação (UnB), formamos um grupo transdisciplinar que experimenta, coletivamente, o terreno híbrido formado por Comunicação, Informação e Computação, como base em nosso processo de ensino, pesquisa e extensão que associamos à disciplina CIC – Fundamentos e aplicação, desenvolvida em torno da gestão da informação e da memória no CeDoc-FAC. CIC é a base trinitária para esta experimentação

---

95. Em assembleia virtual em 22 de julho de 2020, os bancários incluíram reivindicações ligadas ao tempo de teletrabalho.

96. "Tem dias que eu não sei / se hoje já é ontem / ou se ainda é amanhã". Alice Ruiz, poeta, em seu perfil no Facebook em agosto de 2020.

transdisciplinar que é, como em todo sistema complexo, mais do que a soma das disciplinas envolvidas, menos do que esta soma e diferente dela. Temos aprendido, acertado e errado, o que nos leva à busca de novas formas de organizar nossa interação. **Comunicação** trata da construção de sentidos e envolve as trocas – e as formas de troca, os formatos, os conteúdos, as dinâmicas destas trocas, a estética, a ética. A **Informação** diz respeito à gestão dos conteúdos – e também da memória, dos direitos de autoria e de acesso, de formação para aprender a lidar com a informação registrada (o documento) em seus diferentes tipos, conteúdos, formatos, suportes[97]. A **Computação** é mais do que o conjunto de tecnologias – de suportes, equipamentos, aplicativos; é também um modo de organizar o pensamento na criação das tecnologias.

As ações integradas em projetos de diferentes campos do conhecimento, e que reúnem ensino, pesquisa e extensão, são prática em algumas universidades. Quando criados, na Universidade Federal do ABC, os cursos não se estruturavam em disciplinas isoladas, mas em torno de projetos com duração periódica, que não acompanhava os ciclos anual ou

---

97. Tipo: tipologias, nomenclaturas, chamadas que predeterminam os modos de produção e uso (individual e coletivamente); Conteúdo: parte substantiva do documento predeterminado pelo seu tipo, conformado às normas e condições de produção; Formato: programas de tratamento e exposição de dados que facilitam tanto a produção quanto a leitura dos documentos pelo público acostumado com códigos preestabelecidos; Suporte: parte visível e manipulável do documento, ou o documento propriamente dito, no senso comum. É a sua coisificação ou expressão física como produto, pode ser um impresso, ou uma rede eletrônica. SIMEÃO, E. Elmira; MIRANDA, Antônio. Comunicação extensiva e informação em rede. Brasília: UnB, 2006.

semestral, mais comuns nas instituições de ensino superior. Consultados sobre a experiência que rompe com os projetos de disciplinas fixas, houve professores que disseram desejar aprofundar este caminho metodológico, outros declararam o desejo de voltar ao sistema das disciplinas e as aulas sempre iguais com provas finais. A rede sempre é diversa.

As redes de educação e de formação têm desafios complexos, que envolvem estudantes, professores, servidores; abarcam recursos, equipamentos, normas; dizem respeito a novas capacidades cognitivas e relacionais, bem como a novos conhecimentos acadêmicos e do senso comum. Como orientar a aprender democracia com a própria democracia, como propõe Freire[98], em um país de governo autoritário que destrói direitos coletivos e individuais? A saída parece localizar-se nas ações colaborativas. O aprender coletivo precisa de um sentido comum, que sirva de sustentação a um projeto comum, a partir do qual se negocia, planeja, coopera, questiona e avalia este fazer comum. É iniciativa individual e coletiva, de uma pedagogia da incerteza, como destaca Warschauer[99]. Esse aprender coletivo, de trocas digitais, se dá em ambientes que muitas vezes ocultam a formação de hegemonias e consensos[100].

---

98. FREIRE, Paulo. *Educação como prática da liberdade*. 24. Ed. Rio de Janeiro: Paz e Terra, 2001.

99. WARSCHAUER, Cecília. *Rodas em rede*: oportunidades formativas na escola e fora dela. Rio de Janeiro: Paz e Terra, 2018. A autora propõe a estruturação de um aprendizado coletivo, de partilhamento de experiências, em que o lúdico é parte integrante do processo.

100. GARCÍA CANCLINI, *Ciudadanos reemplazados por algoritmos*. Alemanha: Verlag, 2020

VISLUMBRES

Pelo caminho de aprender/ensinar (n)a complexidade, cada chegada deve ser considerada um novo ponto de partida, em que o cérebro se transforma no processo. Este crescimento pode ser representado pela espiral, ou como livremente descreveu Hilda Hilst: "ainda que se mova o trem, tu não te moves de ti"[101]. Este retorno ao começo nos afasta do começo e torna-se novo ponto de partida. Há desafios para o aprender a aprender coletivo e colaborativo: não perdermos as identidades; ganharmos perspectivas a partir da alteridade; aprendermos com o outro; aprendermos técnicas e tecnologias em diferentes campos; ensinar/ aprender um conjunto híbrido de conhecimentos; observarmos os fatores que impactam esse caminho – pessoas, sociedade, ideologia, cultura, meio físico, dispositivos tecnológicos, história. O processo de construção do conhecimento é o processo de construção do indivíduo, que, para ser adequado à vida, deveria acompanhar o conjunto proposto por Freire e Morin[102]: construção do conhecimento; ensinar/aprender para o entendimento; compreender os riscos do conhecimento; ter crítica e rigor no processo de ensino/aprendizado; ter ética e estética.

A organização desenvolve especializações e hierarquias que orientam as relações entre os atores. O ensinar/ aprender sobre organização é essencial e não pode se reduzir à reprodução – que sempre é um bom exercício prático –

---

101. HILST, Hilda. *Tu não te moves de ti*. Rio de Janeiro: Editora Globo, 2004.

102. Freire e Morin são os autores que norteiam este ensaio, e esta proposição consta de artigos indicados aqui.

mas pode experimentar estruturas diversas de organização. Do ponto de vista social, hoje a discussão está centrada no coletivo e no colaborativo[103].

---

103. CASTELLS, Manuel. *Redes de indignação e esperança*: movimentos sociais na era da internet. São Paulo: Companhia das Letras, 2017. Além dele, Canclini trata desta questão no livro já citado.

3. UM LÉXICO PARA CONVERSAR SOBRE REDES

Salta uma truta –
Movem-se as nuvens
No fundo do rio
Onitsura[104]

Os avanços tecnológicos que facilitaram o acesso à informação e a comunicação entre as pessoas trouxeram em seu bojo a necessidade de novos aprendizados para quem faz uso deste ecossistema digital, em que somos atores em múltiplas redes. Nesta topografia, o conhecimento sobre a ciência de redes torna-se necessário para entendermos o mundo em que vivemos e em quê as redes mediadas pela computação impactam nossas vidas. Este capítulo traz um resumo dos conceitos relacionados a este campo de estudo híbrido, que envolve a Comunicação, a Informação e a Computação e que estão presentes neste livro.

O texto está dividido em duas partes. A primeira trata da estrutura e da composição das redes: os atores, que podem

---

104. FRANCHETTI, Paulo; DOI, Elza Takeo (org.). *Haikai*: antologia e história. Campinas: Editora da Unicamp, 2012. p. 112.

ser pessoas e/ou coisas; os laços, afetivos ou não, que unem as pessoas; as formas como as pessoas se agrupam. A segunda parte é dedicada a tratar de alguns atores específicos que interferem em nossa vida cotidiana – para o bem, ou para o mal – como as plataformas que usamos para troca de informações, diversão, trabalho. São conhecimentos necessários a um pacto por uma cultura da informação e da comunicação[105], ética, verdadeira, essencial para a defesa da democracia e da sustentabilidade do planeta.

O QUE É REDE[106]

A rede pode ser definida como um conjunto de atores – humanos ou não – que se ligam, de alguma forma, em um ambiente digital ou não, num contexto social. Pode ser a rede formada por torres de transmissão para garantir a comunicação sem interferência da mobilidade do usuário. Pode ser uma rede de feministas, pluripartidária, para formar uma teia de acolhimento, ajuda, informação, formação e proteção. Pode ser o grupo LGBTQIA+ de um partido, ou o próprio partido político. Entre estas redes transitam as redes sociotécnicas, em que há atores do Estado, governamentais – de assistência, e saúde, de educação –

---

105. MARQUES, Marcia. Cultura da informação e da comunicação para a democracia em rede: Observatório da Democracia. https://observatoriodademocracia.org.br/2019/02/15/cultura-da-informacao-e-da-comunicacao-para-a-democracia-em-rede/.

106. Este material foi elaborado pela primeira vez em um material produzido para a Fundação João Mangabeira. MARQUES, Marcia, RAMALHO, Alzimar. *Aprender a aprender em rede*: manual pedagógico. Brasília: Editora FJM, 2017. Acesso em: https://www.fjmangabeira.org.br/colecao-de-olho-na-transparencia/.

e mistas. Há, claro, a rede formada pelos aparatos tecnológicos, por programas e aplicativos, pela lógica computacional, que entremeiam nossas relações de forma quase invisível.

Há, ainda, redes territoriais caracterizadas pela heterogeneidade dos atores, por exemplo a rede que compõe a escola, constituída de professores de diferentes áreas do conhecimento, de estudantes em diferentes estágios de formação, competências e habilidades, e de servidores técnicos de variadas especializações e funções de apoio à Educação naquele território, além de equipamentos, espaços coletivos etc. Também podem ser consideradas territoriais as redes formadas por moradores de um bairro, o sindicato que abrange determinada região.

Uma organização, um recorte da grande teia social, é uma rede e tem como características ser de representação efêmera e mais horizontal do que hierarquizada. As redes são sistemas fluidos de interação e de participação multidirecionais, que estimulam o ambiente de conversação entre atores em torno de objetivos comuns e demandas coletivas. O que levar em conta ao pensar em rede:

- Ninguém age isoladamente – pessoas, instituições e/ou grupos ligam-se a outras pessoas, instituições e/ou grupos por diferentes razões;
- Há vínculos fluidos entre grupos porque os componentes mudam permanentemente;
- As redes não são randômicas. Na vida real, elas têm uma organização sem escalas, marcada por formação de *hubs* que concentram links; mas o acaso e o aleatório também cumprem papel na construção da rede;

- As redes reais não são estáticas;
- Há uma hierarquia entre os *hubs*;
- Não há um nó que, sozinho, desmantele a rede;
- As redes reais são auto-organizadas.

Composição da rede: nós e laços

O ator na rede é um ser e pode ser objeto, é humano/não humano, híbrido, ubíquo, móvel, diverso, multivocal. Quando se observa a rede, o que se pode ver é sempre uma fotografia, um conjunto de sinais, de indícios do ser coletivo. O ideal é que a rede se observe, conheça suas características, semelhanças, particularidades etc. Que tipo de atores fazem parte das redes:

- **As pessoas**: numa escola, por exemplo, são alunos e alunas, monitores, técnicos e técnicas, professores e professoras, pesquisadores etc. Sem esquecer que há atores não envolvidos diretamente que afetam a rede. No entorno da escola e de seu núcleo educacional há que se levar em conta trabalhadores de lanchonetes e papelarias, por exemplo. Motoristas de transporte público e/ou equipamentos públicos de transporte compõem uma rede que interfere na dinâmica de muitas outras redes sociais – como as das escolas – quando há paralisação de atividades, seja por uma greve, seja pela quebra de um equipamento;
- **As coisas**: ainda no exemplo escolar, material didático (livros/documentos físicos ou digitais), bibliotecas e repositórios, equipamentos necessários como computador e celulares, provedor de internet, tamanho da banda, programas e aplicativos, além de coisas extraescolares como ônibus, condições do clima ou um vírus etc.;

- **As "pessoas" jurídicas e/ou institucionais:** representantes institucionais, autoridades legais, empresas parceiras, ONGs etc.;
- **As ideias:** referências bibliográficas, os links relacionados ao tema de aprendizagem, como entrevistas, reportagens, artigos científicos, formam uma rede específica de conhecimentos disponíveis para apoio ao aprendizado crítico;
- **Os outros seres vivos:** os bichos, os vermes.

Os atores na rede não são iguais, desempenham papéis diferentes, têm capacidades diversas e ligam-se a outros atores em relações, os laços, que também são variadas. Com base em possibilidades estatísticas das relações em rede, há cinco tipos de atores que se destacam no processo de mediação da informação (Figura 14):

Coordenador   Intermediário   Representante   Gatekeeper   Ligação
              Itinerante

Figura 14

- **Coordenador:** o fluxo de informação é muito forte em torno deste indivíduo, que se destaca pela relação que mantém com o ambiente do grupo/rede. Na estrutura atual da organização das redes, no formato de coletivos, este é um papel que dura o tempo de execução de ações envolvendo vários atores em que a coordenação orienta o trabalho colaborativo;

- **Representante**: indivíduo do grupo que regula o fluxo da informação, ou bens, deste grupo para o ambiente externo, para outras redes ou grupos. Também pela estrutura atual de coletivos e pela característica horizontal das redes sociais, as ações se desenvolvem em períodos definidos e específicos. Atualmente as redes experimentam representações coletivas em mandatos políticos, iniciativas em geral de grupos de mulheres;

- **Intermediário itinerante**: é um ator externo ao grupo, mas que é utilizado como mediador entre dois membros do grupo. Aqui pode ser identificada a figura de consultores, profissionais do Direito ou outros especialistas convidados a contribuir em questões específicas, como mediadores de conflito, por exemplo;

- *Gatekeeper*: indivíduo externo ao grupo e que regula o fluxo de informações ou bens desse ambiente externo para com os integrantes do grupo. Tem como capital a credibilidade para orientar e regular o fluxo das informações. Aqui se encaixa a figura de produtores, difusores e orientadores de comunicação e de informação, como jornalistas, bibliotecários, documentalistas, professores, multiplicadores. A rede não humana formada por mídias digitais que oferece vídeos, tutoriais etc. também exerce este papel;

- **Ligação**: indivíduo/ator que medeia as relações entre pessoas de grupos diferentes sem pertencer a qualquer um deles. Redes de energia, redes telemáticas cumprem este papel, por exemplo.

Em geral desenhados como linhas contínuas que unem os nós (atores humanos e não humanos[107]) e conformam o que se denomina rede, os laços têm que ser vistos também em sua multiplicidade e complexidade. Laços são relações simbólicas (de afetos, de estatutos e normas, de ideias, de miríades de possibilidades) espontâneas ou programadas, humanas ou não. São materializadas em documentos de diferentes tipos, conteúdos, formatos e suportes.

Como se conformam as redes complexas

As redes complexas, humanas ou não, têm três características em comum: a aglomeração (formação de *clusters*); a existência de pontos de forte conexão (*hubs*); e a distância por poucos graus de separação (*smallworlds*). A primeira característica é a de agrupar-se, criar panelinhas, estar em bolhas, ou o que tecnicamente no estudo de redes se denomina *cluster*. No caso humano, as pessoas reúnem-se em torno de interesses comuns: familiaridade, segurança, intimidade, amizade, proximidade geográfica, temas de interesse, trabalho, cultura. Alguns desses grupos são muito próximos e todos se comunicam com todos, formando o que se denomina cliques, redes coesas, que em geral são pequenas. Neste tipo de rede, costumam circular sempre as mesmas informações, e o vocabulário

---

107. LATOUR, Burno. *Reagregando o social*: uma introdução à teoria do ator-rede. Neste trabalho, Latour propõe uma sociologia que observe a topografia das redes, sem separar micro e macroelementos na sociedade.

restringe-se a palavras e conceitos que envolvem aquela intensa vivência coletiva. Os laços entre os atores dos cliques são fortes e indicam que há confiança e comprometimento de todos, bem como é clara a definição de responsabilidades.

Os espaços de ocupação rarefeita, de atores esparsos, são chamados buracos estruturais, que comprometem a troca de informação. Estão neste caso, por exemplo, pequenas comunidades isoladas, localizadas em regiões de difícil acesso. Os agentes de saúde que vão às regiões distantes são nós que mantêm laços fracos com estas comunidades, levam atenção do Estado e informação nova. É por meio dos laços fracos que se chega a essas redes distantes, que se pode aproximá-las de outras redes. Estudos estatísticos de rede indicam que há mais probabilidade de conseguir emprego, por exemplo, por meio de um laço fraco, alguém de fora da rede mais próxima, pois as informações novas chegam por meio destas conexões. É também por estas relações fracas que circulam os boatos, as notícias falsas. Os laços fracos acabam tendo muita força, na medida em que trazem o novo e são a possibilidade de conexão com alguém ou algo distante.

A segunda característica comum às redes complexas é a formação de *hubs*. O termo em inglês utilizado no estudo de redes vem originalmente do conceito usado pela aeronáutica para denominar os aeroportos que proporcionam a conexão, por meio das rotas dos aviões, com um grande volume de outros aeroportos. Os *hubs* atraem outros atores exatamente por serem nós dotados de um número extraordinariamente grande de links e conexões. Os *hubs* são importantes para reduzir a distância entre atores. Via plataformas de interação em rede como Facebook e Instagram, por exemplo, as pessoas conseguem encontrar amigos "perdidos" no tempo. Este comportamento de concentração de atores em torno de *hubs*, como indicam pesquisas realizadas desde os anos 1990, é comum às redes complexas, sejam elas humanas, celulares, de transmissão de energia ou computacionais. A existência de *hubs* indica que não há igualdade na rede, que há atores que são mais acessados, procurados e visitados por outros. Estes acessos, muitas vezes, são orientados por algoritmos. A existência dos links fortalece o *hub* em relação a outros tipos de atores.

A terceira característica comum às redes complexas são os *smallworlds*, os mundos pequenos que, especialmente com a aceleração promovida pelas tecnologias, representam a proximidade de todos na rede, a partir da observação das conexões dos atores. Com poucas ligações, podemos acessar pessoas, informações, coisas em todo o planeta, pois, por esta teoria, uma pessoa precisa de seis ou sete contatos para chegar a qualquer outro ser humano na Terra. É pela conexão dos mundos pequenos que circulam, por exemplo, as pirâmides financeiras, golpe que surgiu nos EUA na crise econômica dos anos 1920, e que volta a circular nas crises financeiras. As pessoas são estimuladas a depositar dinheiro na conta de pessoas, que por sua vez depositam na conta de outras pessoas e assim sucessivamente, até atingirem um número em que não há mais pessoas para entrar na roda, ninguém mais paga e só os primeiros ganham. Durante a eleição de 2018[108], no Brasil, o fenômeno da pirâmide alimentou com notícias

---

108. MARQUES, M.; ROCHA, R. V. Fraude e eleições: o caso das fake news. *Revista Gueto*. https://gueto.files.wordpress.com/2019/01/gueto_politica_01.pdf.

falsas uma rede que se expandiu como círculos formados em torno de uma pedra jogada na água.

Comunicação: das massas às teias

Se olharmos a estrutura da comunicação de massas, que foi a tônica do século XX, ela é concentradora da informação em grandes *hubs* emissores – a televisão, o rádio – e pouca, ou rara, interação. O capital se apropriou da comunicação humana e, por meio das indústrias culturais (em que a mídia tem papel importante), passou a definir os assuntos a serem tratados, a visão de mundo a ser apresentada, mas sempre com algum contraponto, para se mostrar democrática. Os tradicionais meios de comunicação ainda buscam reorganizar o modelo de negócio nascido da comunicação de massas – de informação distribuída de poucos para muitos, de forma pouco dialógica. Caçam cliques, não querem conversa. No século passado, poucos veículos reuniam informações[109] a serem disseminadas nos telejornais, por exemplo. Essas informações eram estruturadas em um texto padrão para atingir a média da população, o telespectador "Homer Simpson", como personagem modelo de público para o "Jornal Nacional", descrito em conversa de William Bonner com estudantes de jornalismo em visita à TV Globo. O modelo

---

109. O grande problema hoje é garantir o armazenamento de informação produzida por todos na rede, como se lê neste texto de 2018 de publicação especializada: "O ritmo atual de geração de dados é muito alto: todo dia, os 3,7 bilhões de humanos que usam a Internet criam 2,5 quintilhões de bytes. Cerca de 90% dos dados existentes hoje no mundo foram produzidos apenas nos últimos dois anos". https://www.techtudo.com. br/noticias/2018/07/dna-pode-revolucionar-o-armazenamento-de-dados-entenda.ghtml.

privado da comunicação, no Brasil, teve como contrabalanço à hegemonia as emissoras públicas, as fundações, sempre dependentes de dinheiro escasso do orçamento público para este fim.

Na comunicação em rede, é necessário atentar para a diversidade, mas buscando compreender que há questões gerais em comum a muitos grupos, que há subgrupos que se formam por determinadas particularidades, e que há os indivíduos, que são únicos. Tudo ao mesmo tempo e agora. Neste novo cenário, a informação e a comunicação se distribuem em redes complexas, que se agrupam e desagrupam, buscam *hubs* e se encontram em poucos cliques neste mundo pequeno.

Há mudança na comunicação e no trato da informação no planeta. A comunicação de massas está em cheque, o modelo de poucos emissores para muitos receptores se dilui em redes, agora dominadas pela interferência do algoritmo. A informação é o dinheiro – como coisa que se pode guardar, copiar, mexer, fazer, distribuir etc. Quando se fala da comunicação em rede, leva-se em conta a utopia da comunicação de todos para todos, mas observa-se a prática da comunicação de um para um, de um para alguns, de alguns para alguns, de um para muitos, de poucos para muitos, de muitos para muitos e todas as combinações que a estatística permitir.

A rede precisa se (re)conhecer

A rede precisa conhecer os atores que a compõem, conseguir informações coletivas: Quem somos? O que nos une? O que queremos fazer juntos? O que podemos fazer? O que sabemos fazer? O que podemos ensinar? O que precisamos aprender? Quem conhece quem? Que subgrupos a rede tem? quem, ou o quê é *hub* na rede? Quais papéis existem na rede e quem exerce qual? Mesmo com as respostas a estas questões, é preciso compreender que o que se pode ver da rede é sempre uma fotografia, um conjunto de sinais. A rede, portanto, tem que ser acompanhada em sua permanente movimentação.

Além do conhecimento dos atores, também é necessário compreender as formas que intermedeiam as relações no campo digital. A primeira é a do AV3, fruto da convergência das tecnologias, que possibilitam conjugar esses modos de expressão de forma criativa. As duas outras formas estão ligadas ao pensamento computacional: o algoritmo e a web semântica.

As características do AV3:

- **Interatividade**: possibilidade de diálogo entre o indivíduo e o sistema e de indivíduos entre si através do sistema;
- **Hipertextualidade**: a possibilidade da interconexão de conteúdos múltiplos;
- **Hipermidiação**: combinação da informação em suas múltiplas dimensões – texto, áudio, imagem estática e em movimento – para gerar um conteúdo de lógica discursiva não linear;
- **Hiperatualização**: alimentação permanente de informações feita por bilhões de pessoas e/ou máquinas programadas para produzir conteúdo;
- **Mobilidade**: os dispositivos móveis, como notebooks, celulares e *tablets*, fazem com que as informações sejam produzidas, publicadas e/ou acessadas de qualquer lugar;
- **Ubiquidade**: um mesmo conteúdo pode ser acessado ao mesmo tempo de diferentes lugares, por pessoas e/ou máquinas diferentes;

- **Multivocalidade**: a produção coletiva e colaborativa que caracteriza a rede resulta em conteúdos que refletem muitas vozes, nem sempre concordantes;
- **Hibridismo**: mistura das diferentes linguagens, que acaba por produzir uma narrativa denominada transmídia, em que a história inteira é contada aos pedaços, com a utilização de mídias, formatos e plataformas diferentes que se complementam; esta história fragmentada se expande de modo a atrair audiência para o assunto tratado.

As instruções para montar um brinquedo, ou um móvel, para sair de um lugar e chegar a outro são o que se denomina linguagem algorítmica, que resume um conjunto de dados de entrada, as variáveis envolvidas e a descrição passo a passo do que se vai fazer com esses dados e variáveis para chegar a determinado resultado, os dados de saída. Mais fácil compreender com o exemplo da receita de bolo:

Algoritmo	Receita de bolo
Dados de entrada	Ingredientes – farinha, ovos, açúcar etc.
Variáveis envolvidas	Materiais usados – formas, forno, batedeira ou processo manual
Passo a passo para utilizar dados de entrada e variáveis	Modo de fazer – descrição passo a passo sobre uso de ingredientes e materiais
Dados de saída	O bolo

Na matemática, o algoritmo é definido como uma sequência finita de regras, raciocínios ou operações que, aplicada a um número finito de dados, permite solucionar classes semelhantes de problemas. No campo da informação, diz respeito ao conjunto das regras e procedimentos lógicos perfeitamente definidos que levam à solução de um problema em um número finito de etapas. Estas instruções não podem ter ambiguidades, por isso se constroem em um raciocínio de sim ou não. O algoritmo é a linguagem para programar os computadores que utilizamos no dia a dia, mesmo quando não o percebemos. Não é o programa em si, mas a orientação dos passos que a máquina deve percorrer para executar uma tarefa. O conceito de algoritmo foi formalizado pela primeira vez em 1936, com a máquina criada pelo matemático britânico Alan Turing, precursora dos computadores digitais. A Máquina de Turing, como é denominada, tratava de aspectos lógicos, conceito que ele utilizou para quebrar os códigos secretos das comunicações da Alemanha nazista na Segunda Guerra Mundial, o que foi decisivo para a vitória dos aliados.

Por volta do ano 2000, começam a ser aplicados nas redes digitais programas que tornavam os computadores decodificadores de linguagens semânticas, o que mudou o formato e o funcionamento dos buscadores de informação. O Google surge neste momento, com a forma "inteligente" de responder a qualquer pergunta do usuário/navegante. As máquinas passam a conversar entre si, a ter a capacidade de compreender e interpretar dados. O que trouxe esta mudança foi a conformação da web, a "rede www", na estrutura semântica, o que se reflete nos dias de hoje em aparelhos que corrigem e sugerem textos e emojis, que aprendem o vocabulário de quem usa o aparelho, que faz chamada telefônica ao "ouvir" o nome solicitado pelo dono.

A semântica estuda a relação entre as palavras e as coisas, ou seja, entre linguagem, pensamento e conduta. A web semântica funciona pela construção de vocabulários, que tratam de palavras e sentidos, e de ontologias, que organizam a informação (em repositórios, bibliotecas) para que ela sempre possa ser acessada. Esta conjugação permitiu a criação de sistemas capazes de interpretar as informações, relacionar palavras e seus conhecimentos profundos, reduzir a ambiguidade existente nas buscas da web. Os resultados são específicos e ampliam as possibilidades de pesquisa, com a apresentação de dados relevantes, eliminando os resultados com menor importância à questão pesquisada.

Esta semântica da web é construída pelo algoritmo, que orienta as máquinas sobre como devem processar a informação, e se consubstancia pelo AV3, que invade nosso dia a dia em vídeos, textos, áudios, imagens das mais variadas, em uma composição narrativa transmídia. Esta narrativa, que transparece desse entrelaçamento de linguagens e estrutura semântica, é construída, na web, coletivamente, socialmente, mistura a linguagem formal e culta, oferece linguagens que possam ser compreendidas por todo o planeta, independentemente da língua local.

Esta visão de que a web semântica coroa o aprendizado coletivo, como propõe o filósofo Pierre Lévy[110], é a utopia. No

---

110. O conceito pioneiro de Lévy está sendo revisitado na aplicação ao conhecimento produzido por comunidades em redes delimitadas por territórios ou por uma causa.

mundo real, as máquinas passam a produzir algoritmos que definem novas regras a partir do uso das pessoas. Se o indivíduo marca determinadas mensagens como *spam* em sua caixa de e-mail, o sistema passa a considerar as informações com aquelas palavras-chave como *spam* e reprograma o algoritmo que separa os spams das mensagens "boas". Se, por um lado, parece cômodo um separador de notícias indesejáveis, é bastante incômodo perceber que, permanentemente, as notícias da caixa de e-mail são monitoradas. Vale para os e-mails e para todos os usos de informação e comunicação mediados por aparatos computacionais.

REDE E PODER: O OLHAR SOBRE ALGUNS ATORES EM PARTICULAR

Não se trata de demonizar nem de endeusar a tecnologia. A descoberta e o domínio do uso do fogo representaram um salto da civilização humana, alimentaram guerras e também propiciaram conforto à vida social. As divisões de classe não desaparecem porque todos têm acesso às tecnologias, porque esta distribuição de acesso reflete as desigualdades da sociedade. A automação é de baixa qualidade para os pobres e é sob medida para os ricos, por exemplo, que têm os dados preservados por diversos meios – muitos no formato de legislação – que, em geral, envolvem a necessidade de condições financeiras. A liberdade não se adquire no mercado, é fruto de lutas na arena política, e neste sentido, as organizações como partidos, sindicatos, coletivos feministas, por exemplo, são redes importantes a interferir nos contextos sociais. As pautas chamadas de identitárias, assim como a questão da tecnologia, devem ser inseridas, como intersecção, no campo da divisão de classes, também. Neste sentido, devem ser trabalhados os conceitos que envolvem a liberdade: autonomia, direitos, deveres, coletivo, individual, privacidade. A universidade, por meio do tripé de Ensino, Pesquisa e Extensão, tem muito a contribuir nesta tarefa de criar uma cultura da informação e da comunicação que leve esses fatores em conta. As bibliotecas públicas, que Wrigth considera "elementos anticapitalistas" no sistema capitalista hegemônico, são importantes tanto no processo de educar a sociedade para o enfrentamento da informação e da comunicação em rede quanto ocupando espaços na condição de plataformas públicas digitais para o acervo do conhecimento humano.

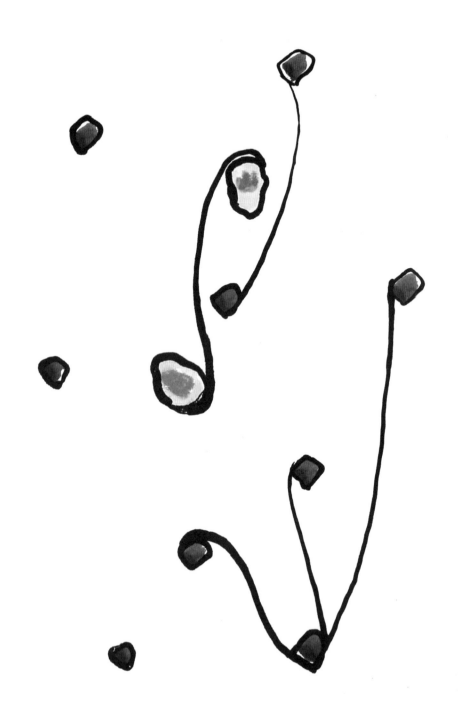